GUERRAS POR TODA PARTE
Conflitos armados que impactaram as Independências do Brasil

André Roberto de A. Machado
Sérgio Guerra Filho
(orgs.).

GUERRAS POR TODA PARTE
Conflitos armados que impactaram as Independências do Brasil

alameda

Independências 200 anos

SEO
SOCIEDADE BRASILEIRA DE ESTUDOS DO OITOCENTOS

Grafia atualizada segundo o Acordo Ortográfico da Língua Portuguesa de 1990, que entrou em vigor no Brasil em 2009.

Edição: Haroldo Ceravolo Sereza e Joana Monteleone
Projeto gráfico, diagramação e capa: Ana Júlia Ribeiro
Assistente acadêmica: Tamara Santos
Revisão: Alexandra Colontini
Imagem da capa: O Primeiro Passo para a Independência da Bahia (1931), de Antônio Parreiras. Domínio Público, via *Wikimedia Commons*.

CIP-BRASIL. CATALOGAÇÃO NA PUBLICAÇÃO
SINDICATO NACIONAL DOS EDITORES DE LIVROS, RJ

G964

Guerras por toda parte : conflitos armados que impactaram as Independências do Brasil / organização André Roberto de A. Machado, Sérgio Guerra Filho. - 1. ed. - São Paulo : Alameda, 2023.
152 p. ; 21 cm. (Independências ; 6)

Inclui bibliografia
ISBN 978-65-5966-162-6

1. Brasil - História - Independência, 1822. I. Machado, André Roberto de A. II. Guerra Filho, Sérgio. III. Série

23-82691 CDD: 981.04
CDU: 94(81).04

Gabriela Faray Ferreira Lopes - Bibliotecária - CRB-7/6643

ALAMEDA CASA EDITORIAL
Rua 13 de Maio, 353 – Bela Vista
CEP 01327-000 – São Paulo, SP
Tel. (11) 3012-2403
www.alamedaeditorial.com.br

Sumário

Sobre a coleção

A Coleção *Independências* é uma iniciativa conjunta entre a Sociedade Brasileira de Estudos do Oitocentos (SEO) e a Alameda Casa Editorial. A Direção Geral da Coleção tem a seguinte composição: Ítalo Domingos Santirocchi, Alexandre Mansur Barata, Karoline Carula, Joana Monteleone, Wellington Barbosa, Samuel Albuquerque, Lídia Rafaela dos Santos, Pérola Maria Goldfeder Borges de Castro e Mabia Aline Freitas Sousa.

Como parte das diferentes iniciativas que pretendem refletir sobre a Independência do Brasil na ocasião em que completa 200 anos, a Coleção *Independências* reúne historiadores renomados com jovens pesquisadores, provenientes de instituições de diferentes partes do país.

A partir de uma perspectiva comum que enfatiza a diversidade e as diferenças (daí a opção por Independências no plural), os seis volumes foram organizados segundo eixos temáticos que permitirão aos leitores compreender o processo de ruptura com Portugal tendo em conta sua complexidade.

Como resultado temos os seguintes livros, com seus respectivos organizadores: 1. *A Independência do Brasil em perspectiva mundial*, João Paulo Garrido Pimenta e Ítalo Domingos Santirocchi; 2. *Independências circulação de ideias e práticas políticas*, Marcelo Cheche Galves e Juliana Gesuelli Meirelles; 3. *Independências em várias faces: protagonismos e projetos plurais na emancipação do Brasil*, Ana Sara Cortez Irffi e João Paulo Peixoto Costa; 4. *Independências, memória e fabricação das imagens*, Iara Lis Schiavinatto; 5. *A Independência vista de dentro: caminhos e jogos de escala entre o provincial e o local*, Magda Maria de Oliveira Ricci e Michelle Rose Menezes Barros de Queiroz; 6. *Guerras por toda parte: conflitos armados que impactaram as Independências do Brasil*, André Roberto de A. Machado e Sérgio Guerra Filho.

Das temáticas clássicas, tratadas sob novas perspectivas, até temas inéditos ou pouco explorados pela historiografia, a Independência do Brasil e seu contexto foram trabalhados a partir de diferentes escalas (mundial, provincial e local) e pautando-se em diversificadas bases teóricas e metodológicas.

Esperamos que essa coleção possa contribuir para instigar novas pesquisas sobre as Independências do Brasil. Boa leitura.

Apresentação
Na base do grito ou na base da guerra

André Roberto de A. Machado
Sérgio Guerra Filho

Assim como outras datas significativas para a história brasileira, o Bicentenário da Independência do Brasil, marcado para o 7 de setembro de 2022, tem suscitado diversos debates e reflexões acerca da natureza dos eventos a ela relacionados. Muito tem se reafirmado, questionado ou negado, quanto aos significados da Independência para o passado, o presente e o futuro da nação brasileira. Esse livro junta-se ao esforço de colocar por terra um dos elementos centrais do nosso mito de origem: o de que a independência brasileira foi pacífica.

Esse mito de origem, evidentemente, tem um enorme peso no presente, moldando a própria autoidentidade do brasileiro. Esse não é um fenômeno isolado. A ideia de que os Estados Unidos nasceram da luta pelos direitos individuais tem um enorme peso até hoje na ideia do que é ser estadunidense e nos debates políticos desse país. Da mesma forma na França, o peso da Revolução Francesa é grande na forma como os franceses se veem e na exigência de que as políticas públicas sigam um padrão republicano, equânime e laico. No Brasil, a ideia de que a independência foi pacífica serve de argumento para uma autoimagem do brasileiro como um ser avesso aos conflitos, mais inclinado a resolver as coisas por acordos ou a ser engolfado por acordos que teriam, supostamente, afastado a participação popular dos grandes momentos da História brasileira.

O mais curioso é que estes são argumentos utilizados, em geral, tanto pelos espectros da direita como da esquerda política no Brasil. Na direita, essa ideia cristalizada é usada para tentar enfatizar uma suposta aversão dos brasileiros por posicionamentos políticos mais radicalizados. Nas vozes da esquerda, supõe-se que o Brasil tem uma sociedade com tantas desigualdades pela ausência de uma revolução ou de conflitos de grande monta. Essa última posição – que tem mudado lentamente nos últimos anos – acaba silenciando mais uma vez os vários movimentos de contestação que existiram no Brasil, mas que foram derrotados. A obsessão por uma revolução nos moldes da Revolução Francesa, da Revolução Americana ou mesmo da Revolução Russa, muitas vezes não permitiu perceber o caráter conflituoso em que se deu a independência pelo fato de que o país que se ergueu manteve a monarquia, a escravidão e a concentração fundiária.[1] Essa monarquia, no entanto, é também resultado de muitas batalhas e conflitos armados em que ficaram pelo chão outros projetos de país, alguns radicalmente opostos ao projeto político vencedor.

1 PIMENTA, João Paulo Garrido. A independência do Brasil como uma revolução: história e atualidade de um tema clássico. *História da Historiografia*, Ouro Preto, v. 2, n. 3, p. 53–82, 2009.

A independência brasileira nem de longe foi pacífica. Se isto é um fato, por que predomina esse senso comum? Há algumas razões para isso. Em primeiro lugar, isto é resultado de um projeto historiográfico do século XIX, encabeçado pelo próprio Instituto Histórico e Geográfico Brasileiro. O IHGB, que viveu boa parte do século XIX no Paço Imperial e teve D. Pedro II como um assíduo participante de suas reuniões, construiu uma história teleológica: ou seja, a partir do resultado do processo – a manutenção da casa reinante e de boa parte do território colonial – buscou defender a ideia de que o nascimento do Estado Imperial brasileiro era um processo quase que natural. Como se a colonização fosse a infância e o Estado independente a maturidade que obrigatoriamente viria.[2]

Até mesmo nas artes plásticas, a ideia de uma independência como ação quase que isolada de D. Pedro I, na "base do grito" e quase sem participação do povo, foi reforçada ao longo do século XIX. A representação do Sete de Setembro, pintada em 1844 pelo francês François-René Moreaux, apesar da inegável centralidade da figura de D. Pedro, tinha toda a sua extensão completada por muitos populares, com militares apenas ao fundo. Certamente, era uma visão do processo que correspondia muito mais à própria ideia que se tinha na época sobre o Sete de Setembro. Afinal, como apontam os historiadores, esta data e o 12 de outubro – dia da coroação de D. Pedro – rivalizaram durante muito tempo pela primazia de ser a data da independên-

---

2 GUIMARÃES, Manoel Luís Salgado. Nação e Civilização nos Trópicos: o Instituto Histórico e Geográfico Brasileiro e o Projeto de uma História Nacional. *Revista Estudos Históricos*. Rio de Janeiro, n. 01, 1988, p. 5-27; PIMENTA, João Paulo Garrido. *Estado e Nação no Fim dos Impérios Ibéricos no Prata (1808-1828)*. São Paulo: Hucitec, 2002.

cia. Com a abdicação de D. Pedro, em 1831, foram justamente os seus adversários políticos que catapultaram o Sete de Setembro, já que para eles era a data de uma independência popular na qual D. Pedro teria sido só um instrumento.[3] A imagem de uma independência construída quase que magicamente pelo grito de D. Pedro I – com o povo totalmente ausente – seria cristalizada apenas com o quadro de Pedro Américo, o "Independência ou Morte", de 1888. No entanto, antes de ser um artefato artístico, o quadro de Pedro Américo foi pensando como uma representação de Estado, tanto que foi encomendado pelo Império e teve sua primeira apresentação na Europa na presença não só da Família Imperial, mas de outros chefes de Estado, inclusive da rainha da Inglaterra.[4] Apesar de Pedro Américo ter escrito reiteradamente que o quadro não pretendia reproduzir a realidade, mas produzir uma cena heroica, valendo-se para isso de várias referências artísticas anteriores como a Batalha de Friedland, o "Independência ou Morte" casou-se perfeitamente com o projeto historiográfico de uma independência pacífica. Certamente, o quadro de Pedro Américo é a primeira lembrança que vem ao brasileiro ao ser perguntado pela independência.

Para além do sucesso do projeto historiográfico forjado no século XIX, há uma segunda questão que ajudou a construir a narrativa de uma independência pacífica: apesar dos vários conflitos que ocorreram durante a independência, não há dúvidas que as guerras ocorridas aqui tiveram uma dimensão muito me-

3 KRAAY, Hendrik. A Invenção do Sete de Setembro, 1822-1831. *Almanack Braziliense.* São Paulo, n. 11, p. 52-61, maio 2010.

4 OLIVEIRA, Cecília Helena de Salles; MATTOS, Cláudia Valadão (Org.). O Brado do Ipiranga. São Paulo: Edusp/Museu Paulista/Imprensa Oficial, 1999.

nor se comparada à América Hispânica ou à América Inglesa. A talvez mais emblemática dessas guerras, a ocorrida na Bahia, foi quase um conflito imobilizado, em que morreram mais homens pela fome e pelas doenças do que propriamente pelos combates.[5] Mas, ao contrário do que muitos supõem, as tropas e frotas marítimas enviadas pelo Rio de Janeiro para várias províncias foram decisivas para a independência tal como ela se deu.

Isto porque, em muitas províncias, a divisão política era intensa, chegando a alcançar as próprias forças militares. Nesse cenário, as forças enviadas pelo Rio de Janeiro e lideradas por mercenários estrangeiros associaram-se sempre aos grupos independentistas com projetos políticos mais conservadores. Seja Labatut, Cochrane ou Grenfell, nenhum deles se aliou a independentistas de origem negra, indígena ou com pautas radicalizadas, o que colaborou para que expectativas de mudança mais expressivas no novo país fossem natimortas. As limitações das tropas de mercenários também podem ser relativizadas frente às várias demonstrações de força que impuseram às províncias, como o massacre do Brigue Palhaço no Pará, a deposição de Bruce no Maranhão ou até mesmo o papel decisivo na derrota da Confederação do Equador.[6] O fato é que, antes das vitórias nos campos de batalha, poucos se arriscariam a apostar que o Brasil manteria boa parte dos domínios territoriais vindos da colônia portuguesa. Tanto era assim que por ocasião dos debates

---

5 GUERRA FILHO, Sérgio Armando Diniz. *O Povo e a Guerra*: participação das camadas populares nas lutas pela independência no Brasil na Bahia. Dissertação de Mestrado. Univeridade Federal da Bahia, Salvador, 2004.

6 Estas ideias estão mais adequadamente desenvolvidas em MACHADO, André Roberto de A. Um acordo impossível: o papel das guerras na independência e na definição do Estado no Império do Brasil (1822-1825). *Almanack*, v. 1, p. 1-32, 2022.

constituintes de 1823, na tarefa de definir qual seria o território do Brasil, muitos deputados se recusaram a inscrever no projeto constituinte que Maranhão ou Pará fariam parte do novo país, pois pairavam muitas dúvidas sobre a real possibilidade desse projeto se concretizar.[7]

Por fim, há ainda uma terceira questão que ajudou a moldar a ideia de uma independência pacífica: não basta evidenciar que houve conflitos em várias províncias, como a Bahia, o Pará, Pernambuco entre outros, já que a historiografia nacionalista captura esses eventos e os consagra como batalhas de libertação nacional. Essa absorção dos conflitos desse período pela narrativa nacionalista está presente na historiografia e nos monumentos. Talvez um dos mais curiosos seja o Monumento à Independência, inaugurado no centenário, às margens do Ipiranga. Nessa construção, são indicados como episódios da independência desde fatos longínquos e pouco relacionados com os episódios de 1822, como a Inconfidência Mineira, passando pelas batalhas na Bahia e chegando a uma inacreditável menção à Revolução Pernambucana de 1817 - por sinal, republicana.

Isso funciona porque essas batalhas são descritas, simplesmente, como combates entre portugueses e brasileiros, como se estivesse em jogo apenas a decisão de se separar de Portugal ou manter-se unido à metrópole. No entanto, era muito mais do que isso que estava em jogo.

*

Às vésperas da expulsão das tropas portuguesas na Bahia, a correspondência do governador da província era dominada por outras preocupações: como seria o dia seguinte após a ex-

7 RODRIGUES, José Honório. *A Assembleia Constituinte de 1823*. Petrópolis: Vozes, 1974, p. 113-117.

pulsão dos portugueses? Como controlar a população que estava agitada e armada? Como garantir a ordem social?[8]

A preocupação do governador da Bahia não era sem fundamento: o mundo do Antigo Regime, extremamente cioso na distinção social, no controle das posições sociais e políticas, parecia escapar entre os dedos como areia fina. Aquela Bahia, por exemplo e diferentemente de outros lugares como Pernambuco, nunca vira tantos homens negros integrando as forças armadas. Era uma situação explosiva, pois ao mesmo tempo em que isso provocava temor em uma sociedade escravista, era difícil prescindir ou evitar a participação desses homens em um guerra como aquela travada ali, entre 1822 e 1823. Mesmo Labatut, o mercenário francês que ficaria famoso na Bahia por desmobilizar os radicais, sobretudo os não brancos, não viu alternativa a não ser armar escravizados para defenderem a causa do Rio de Janeiro, o que lhe jogou em desgraça frente aos senhores de escravos.[9] Afinal, certamente parecia aos senhores que o movimento de Labatut reforçava o que parecia ser uma ousadia crescente dos escravizados em busca da liberdade. Alguns, pro-

---

8 GUERRA FILHO, Sérgio Armando Diniz. *O Povo e a Guerra*: participação das camadas populares nas lutas pela independência no Brasil na Bahia. Dissertação de Mestrado. Univeridade Federal da Bahia, Salvador, 2004.

9 REIS, João José. O jogo duro do Dois de Julho: o "Partido Negro" na independência da Bahia. *In*: REIS, João José; SILVA, Eduardo. *Negociação e Conflito*: a resistência negra no Brasil escravista. São Paulo: Cia das Letras, 1989; SOUZA FILHO, Argemiro Ribeiro de. *Confrontos políticos e redes de sociabilidade*, Bahia 1821-1823. Tese (Doutorado em História Social) – Universidade de São Paulo, São Paulo, 2011. KRAAY, Hendrik. Em outra coisa não falavam os pardos, cabras e crioulos: o "recrutamento" de escravos na guerra de independência da Bahia. *Revista Brasileira de História*. São Paulo, v. 22, n. 43, 2002.

curando no recrutamento do exército a saída da escravidão.[10] Outros, ainda mais surpreendente, escreviam petições às Cortes de Lisboa requerendo o fim da escravidão em um território que pretendia ser livre.[11]

Mas o desejo de liberdade não era restrito àqueles que estavam escravizados. O desejo de maior liberdade e ascensão era crescente e, não por acaso, atingia especialmente os não brancos. Exemplar disso era João Primo, homem negro livre e rico, um dos negociantes mais bem situados da Bahia que entrou nas tropas de independência. A contradição entre a posição economicamente abastada de Primo e a sua condição racial excludente explodiram em alguns papéis apreendidos no final de 1821 que estavam em posse de um escravizado e de um homem livre, mas que foram atribuídos a ele. Nesses papéis, além de reivindicar o direito dos povos à rebelião, podendo depor governos e matar quem lhes privava a vida, Primo sentencia algo que precisava mudar: a crença de que certas raças nasceram para mandar e outras para obedecer. Uma ideia, sem dúvida, temerária numa sociedade escravista.[12]

Primo buscou na luta armada uma mudança social clara. Outro radical, o dito "mulato" Francisco Sabino da Rocha

---

10 KRAAY, HENDRIK. Em outra coisa não falavam os pardos, cabras e crioulos: o "recrutamento" de escravos na guerra de independência da Bahia. *Revista Brasileira de História*. São Paulo, v. 22, n. 43, 2002.

11 REIS, João José. O jogo duro do Dois de Julho: o "Partido Negro" na independência da Bahia. *In*: REIS, João José; SILVA, Eduardo. *Negociação e Conflito*: a resistência negra no Brasil escravista. São Paulo: Cia das Letras, 1989

12 SOUZA FILHO, Argemiro Ribeiro de. *Confrontos políticos e redes de sociabilidade*, Bahia 1821-23. Tese (Doutorado em História Social) – Universidade de São Paulo, São Paulo, 2011.

Vieira, chegou a ser preso e retirado das tropas independentistas por Labatut por suas posições exaltadas, numa integrada posição da elite baiana por controlar até onde poderia ir a independência. Vencido nesse período, Sabino irá ressurgir na Regência para dar nome a uma das mais importantes revoltas daquele tempo. Pretensamente não radical, outro homem negro e livre que se pôs em armas foi Antonio Pereira Rebouças, o pai de André Rebouças, futuro abolicionista. Rábula e autodidata, enquanto Rebouças esteve na Bahia, seus feitos de guerras lhe valeram reconhecimento e chegou a um posto no governo provisório. No entanto, foi só pisar fora do seu território e aspirar migrar para Corte que Antonio Rebouças percebeu que qualquer ato de altivez de um homem negro nesse período era um ato de insubordinação: quase não conseguiu sair da Bahia por ser confundido com um outro homem negro, só sendo liberado por ser um nome conhecido. Apenas um dos vários vexames aos quais Rebouças se submeteria fosse na Corte, fosse nas províncias em cargos nomeados pelo governo, sempre em razão da cor da sua pele, a despeito de ser um nome bastante conhecido em todo o Império. Como lembra Keila Grinberg, que dedicou anos à pesquisa sobre a trajetória de Antonio, a sua simples existência e o exercício de cargos era uma afronta a senhores ciosos em manter o *status quo* e para os quais, ao contrário do que acreditava Rebouças, qualquer homem pardo ou negro não poderia ou não deveria aspirar a ser um general.[13]

Para todos esses homens, o que estava em jogo não era apenas a separação ou a manutenção dos laços com Lisboa. O

---

13 GRINBERG, Keila. *O Fiador dos Brasileiros:* cidadania, escravidão e direito civil no tempo de Antonio Pereira Rebouças. Rio de Janeiro: Civilização Brasileira, 2002.

governador da Bahia, citado acima, sabia disso muito bem e por isso a sua preocupação era com o dia seguinte da independência. Não por acaso, já será em 1824, portanto meses depois do lendário 2 de julho, que ocorrerá a chamada revolta dos Periquitos, liderada pelo terceiro regimento do exército – justamente aquele que reunia os homens negros. Visivelmente frustrados com os resultados da independência e sem uma perspectiva de mudança social, essa tropa foi capaz de tomar o controle da capital da província e matar o governador de armas.[14] Longe de ser uma exceção, a revolta dos Periquitos, na Bahia, acontece no mesmo período que eclodem a Confederação do Equador, em Pernambuco e Ceará, a guerra civil no Pará e os intensos conflitos no Maranhão, deixando evidente que a subordinação a D. Pedro I estava longe de ser uma garantia de pacificação.

As inquietações desses homens negros na Bahia eram apenas reflexo de uma questão mundial ou ao menos daquilo que conhecemos como sociedade ocidental. Como bem lembra João Paulo Pimenta, a independência do Brasil acontece em um contexto revolucionário amplo que atingia especialmente a Europa e as Américas.[15] O mundo estava mergulhado em conflitos armados por toda parte. Todo um paradigma histórico – o do Antigo Regime – estava em frangalhos e absolutamente tudo estava em disputa: ideias de liberdade, direitos do homem, liberdade de imprensa, regimes de trabalho, entre outras coisas. No meio

14 KRAAY, Hendrik. Em outra coisa não falavam os pardos, cabras e crioulos: o "recrutamento" de escravos na guerra de independência da Bahia. *Revista Brasileira de História*. São Paulo, v. 22, n. 43, 2002.

15 PIMENTA, João Paulo Garrido. A independência do Brasil como uma revolução: história e atualidade de um tema clássico. *História da Historiografia*, Ouro Preto, v. 2, n. 3, p. 53-82, 2009.

de todas essas disputas, entram em xeque os Antigos Sistemas Coloniais.[16] Não se tratava de uma disputa retórica, apenas de ideias. Era um mundo que não funcionava mais e um novo que se impunha por ideias, mas também pelas armas. A independência brasileira ocorreu dentro desse cenário e seria preciso acreditar que país era uma ilha para que aqui tudo fosse pacífico e não sofresse os impactos do acontecia no resto do mundo.

Os sistemas constitucionais, por exemplo, espalharam-se como pólvora. O exemplo estadunidense e francês se reproduziu na Espanha, nas Cortes de Cádiz e Madrid, em Portugal, nas Cortes de Lisboa, e consequentemente nos mundos espanhol e português nas Américas. E, em todos os casos, a disputa das ideias foi sempre amparada pelas baionetas. Não há como separar as Cortes de Lisboa dos levantes militares na Europa, assim como as adesões entusiasmadas nas primeiras províncias, como Pará e Bahia, tiveram nas forças armadas atores fundamentais. Os conflitos armados, dentro e fora da América, delimitavam as soluções possíveis. Não por acaso, muitos militares destacaram-se, para além dos campos de batalha, como personagens importantes nas esferas políticas.

E por que havia conflitos armados em tantas partes do mundo? O que ligava pessoas com situações tão distintas e por que os conflitos ocorridos em uma parte atingiam as demais? De uma forma genérica, pode-se dizer que a falta de operacionalidade da reprodução da vida do Antigo Regime, para usar a

---

16 JANCSÓ, István. A sedução da liberdade: cotidiano e contestação política no final do século XVIII. IN: SOUZA, Laura de Mello e (org.) *História da Vida Privada no Brasil*: cotidiano e vida privada na América Portuguesa. São Paulo: Cia das Letras, 1997, p. 387-436.

ideia de crise sintetizada por István Jancsó[17], era expressa por uma pergunta recorrente: o que é liberdade? Até onde vai a minha liberdade? Isso não atingia apenas as aspirações de homens escravizados ou grupos marginalizados. Dizia respeito a uma nova forma de pensar a organização do mundo. Edmund Burke, o grande crítico inglês da Revolução Francesa, tinha verdadeiro horror à ideia de uma liberdade absoluta, totalmente solta das tradições. Um dos maiores perigos que enxergava era justamente que essa liberdade, inclusive de imaginação, criasse novas formas de governar desapegadas do passado:

> Sendo, portanto, a ciência do governo, tão prática em si mesma e dirigida para a solução de questões igualmente práticas, uma ciência que requer experiência, – ainda mais experiência do que aquela que um indivíduo pode adquirir durante a vida, não importa sua sagacidade ou capacidade de observação, – é com infinita precaução que se deve aventurar a derrubar um edifício que vem, há séculos, respondendo toleravelmente bem aos propósitos da sociedade, ou construí-lo novamente sem ter à vista modelos e moldes cuja utilidade tenha sido comprovada.[18]

As vitórias armadas da Revolução Americana, da Revolução Francesa, da Revolução Haitiana, bem como a criação de novos países na América, davam concretude à possibi-

---

17 *Idem.*

18 KIRSCHNER, Teresa Cristina. Burke, Cairu e o Império do Brasil. In: István Jancsó (org.). *Brasil: formação do Estado e da Nação*. São Paulo: Hucitec / Unijui / Fapesp, 2003, p. 678.

lidade de um tempo novo, revolucionário nos termos expostos por Koselleck.[19] A forma como cada grupo se apropriou do novo horizonte que raiou, das ideias de liberdade, foi particular. Algumas dessas apropriações foram clássicas, absorvidas intelectualmente pela elite política. Um dos melhores exemplos é o voto de Frei Caneca, em 1824, no qual recomendava que a Carta Constitucional outorgada por D. Pedro I não fosse aprovada pelas Câmaras Municipais. Num texto extremamente corajoso, Caneca reivindicava a condição dos pernambucanos como povos livres e dizia ser um teatro absurdo oferecer a Carta Constitucional para aprovação ou não das Câmaras mantendo um bloqueio do Recife.[20] Já Emiliano Mundurucu estava ao lado de Frei Caneca como um dos líderes militares da Confederação do Equador, mas como um homem negro, a sua referência de liberdade era outra: o Haiti, sobre o qual chegou a mandar imprimir e distribuir papéis. As suas ideias de liberdade certamente tinham outro viés se comparadas às de Frei Caneca, assim como o seu encaminhamento frente ao bloqueio do Recife: Mundurucu pretendia mandar suas tropas atacarem todos os comerciantes brancos, independente do seu lugar de nascimento, o que só não ocorreu por causa do racha das forças armadas compostas por homens negros da cidade.[21]

---

19 KOSELLECK, Reinhart. *Futuro Passado*: contribuição semântica dos tempos históricos. Rio de Janeiro: Contraponto, 2006.

20 CANECA, Frei Joaquim do Amor Divino. Voto sobre o juramento do Projeto de Constituição oferecido por D. Pedro I (apresentado em reunião de 06 de junho de 1824). In: MELLO, Evaldo Cabral de (org.). *Frei Joaquim do Amor Divino Caneca*. São Paulo: Editora 34, 2001, p. 564-565.

21 MOREL, Marco. *A Revolução do Haiti e o Brasil Escravista*: O que não deve ser dito. Jundiaí: Paco, 2017; MELLO, Evaldo Cabral de. *A outra*

Ainda mais plástica foi a apropriação do significado dessa liberdade pelos povos indígenas. Ao sul, na região onde hoje se encontra, grosso modo, o Rio Grande do Sul, os guaranis receberam convites para migrar para o lado hispânico da América, já em plena convulsão, e protagonizar uma nova forma de organização de Estado – a "Liga dos Povos Livres" – através da liderança do indígena André Artigas.[22] No norte, na região do Grão Pará, povos indígenas reivindicaram para si a condição de cidadãos, inicialmente debatidos nas Cortes de Lisboa e, posteriormente, vislumbrados com a independência. Surpreende o porquê desses indígenas desejarem ser identificados como cidadãos: essa era uma forma de ampliar os seus próprios direitos e derrubar uma pesada imposição do sistema antigo: as formas compulsórias de trabalho a que estes homens estavam submetidos. Nesse sentido, estavam em incrível sintonia com o mundo espanhol e o debate sobre as proibições do trabalho compulsório para os indígenas, já que, naquelas paragens, eram cidadãos. Ao mesmo tempo, outros povos indígenas viram no liberalismo a maior ameaça possível aos seus direitos comunitários. Em províncias como Pernambuco, para citar um exemplo, foi possível ver povos indígenas lutarem em campos opostos, uns ao lado dos independentistas e outros ao lado dos realistas.[23]

*

Independência: o federalismo pernambucano de 1817 a 1824. São Paulo: Editora 34, 2004, p. 201.

22 MELO, Karina Moreira Ribeiro da Silva e. *Histórias indígenas em contextos de formação dos Estados Argentino, Brasileiro e Uruguaio*: charruas, guaranis e minuanos em fronteiras platinas (1801-1818). Campinas: Unicamp, 2017. Tese de Doutorado.

23 MACHADO, André Roberto de A. Interpretações e Alinhamentos dos Povos Indígenas na Era das Revoluções Atlânticas In: *Independência*: Memória e Historiografia.1 ed., São Paulo: Editora Sesc, 2022, v.1, p. 359-380.

Nesse livro, como em outras produções historiográficas recentes, fica evidente que, à medida em que as pesquisas descortinam novos atores, não há unanimidade possível: nem no interior desses grupos - como homens brancos, negros, indígenas ou mulheres - nem no interior das províncias e, muito menos, para além dessas fronteiras. Desse modo, os capítulos aqui apresentados dão destaque tanto a conflitos em províncias específicas, tais como os ocorridos no Rio de Janeiro e na Bahia, mas também, lançam olhares para as guerras na América Espanhola e mesmo as ocorridas na Europa, que impactaram de forma inegável os eventos no Brasil. As independências, as almejadas e a possível, foram moldadas de forma evidente pelas guerras que estavam em diversos espaços do Império que ora se inaugurava.

O livro está composto de cinco capítulos que, como verão, abordam períodos e regiões - e mesmo personagens - que fogem do enfoque tradicional sobre a Independência. De certo, o tema dos conflitos armados, por si só, já contrasta com a versão do arranjo político sintetizado pela imagem do Grito do Ipiranga.

No primeiro capítulo, Adriana Barreto de Souza apresenta "O Príncipe e o Povo: as guerras de Independência no Rio de Janeiro". Nele, a autora passeia por um cenário conhecido - a capital imperial - mas com o foco num objeto menos explorado: os conflitos nas ruas da cidade. Com isso, constrói um panorama denso sobre a política carioca nos anos de 1821 e 1822, através de notícias e crônicas publicadas nos periódicos da época.

Na sequência, mantemos a análise em províncias específicas. Maria Aparecida Silva de Souza assina o capítulo "Uma província em guerra: Bahia, 1822-1823", no qual investiga os conflitos envolvendo portugueses e brasileiros numa guerra que durou cerca de um ano naquela província. Mais ainda: demonstra que a participação das camadas populares nos conflitos trazia e expunha as divergências de projetos de futuro no calor da guerra. Para a autora, escravizados, libertos e livres pobres "continuariam como um estorvo no processo de conformação da nação, talvez mais ainda do que antes, dado o dimensionamento das tensões com a guerra".

Os capítulos subsequentes extrapolam as fronteiras das províncias e, até mesmo, do futuro Estado Nacional. Karina Moreira Ribeiro da Silva e Melo nos traz "Histórias indígenas e projetos de independência no sul da América meridional", um capítulo em que avalia, em um período de mais de uma década, o papel de indígenas como protagonistas dos conflitos políticos e militares nos processos de formação nacional e definição das fronteiras do Brasil, Argentina e Uruguai. Assim, é possível perceber, de um lado, as formas de atuação política indígena no período e, ao mesmo tempo, os fluxos e permeabilidades das fronteiras dos países analisados.

Em "Independências e guerras nas fronteiras: o Grão-Pará e os limites com a América espanhola", Carlos Augusto Bastos também se debruça sobre conflitos e fronteiras, só que em outro extremo do Brasil: a região amazônica. Estudando a circulação de homens e de ideias em tempos de revoluções e guerras de independências pela América, Bastos afirma: "Ao pensar as fronteiras como partes integrantes de conjuntos sociais e políticos mais amplos, é possível dimensionar as relações entre as projeções políticas locais e globais sobre a possibilidade da guerra nas zonas limítrofes amazônicas".

No capítulo "Do exílio da corte à independência: portugueses e brasileiros nos (des)caminhos da política e da guerra (1807-1822)", Daniel Estudante Protásio levanta a trajetória política de alguns influentes sujeitos envolvidos nos diversos conflitos políticos e militares, na Europa e na América, durante um período crucial para a história de ambos os lados do Atlântico. Partindo do ponto em comum: o fato de terem sido tratados como inimigos políticos das Cortes Constitucionais, Protásio acompanha as diferentes formas com que as carreiras políticas dos personagens elencados se desenrolaram, no Brasil ou em Portugal, no bojo da desagregação do Reino Unido.

Os episódios aqui abordados, não podendo, nem de longe, alcançar a totalidade das guerras e conflitos bélicos que marcaram a formação do estado e da nação brasileiros, podem, no entanto, demonstrar a necessidade de superarmos o mito de que o Brasil nasceu de um acerto pacífico e ordeiro, como uma decantação de um passado colonial que desaguaria, inexoravelmente, no 7 de setembro de 1822. A Independência do Brasil – sendo esse processo tão complexo – não poderia ser resolvido no grito ou nos arranjos de gabinete. Ao contrário, foi necessário travar muitas guerras, em toda parte.

Referências bibliográficas

CANECA, Frei Joaquim do Amor Divino. Voto sobre o juramento do Projeto de Constituição oferecido por D. Pedro I (apresentado em reunião de 06 de junho de 1824). In: MELLO, Evaldo Cabral de (org.). *Frei Joaquim do Amor Divino Caneca*. São Paulo: Editora 34, 2001.

GRINBERG, Keila. *O Fiador dos Brasileiros:* cidadania, escravidão e direito civil no tempo de Antonio Pereira Rebouças. Rio de Janeiro: Civilização Brasileira, 2002.

GUERRA FILHO, Sérgio Armando Diniz. *O Povo e a Guerra*: participação das camadas populares nas lutas pela independência no Brasil na Bahia. Dissertação de Mestrado. Univeridade Federal da Bahia, Salvador, 2004.

GUIMARÃES, Manoel Luís Salgado. Nação e Civilização nos Trópicos: o Instituto Histórico e Geográfico Brasileiro e o Projeto de uma História Nacional. *Revista Estudos Históricos*. Rio de Janeiro, n. 01, 1988, p. 5-27.

JANCSÓ, István. A sedução da liberdade: cotidiano e contestação política no final do século XVIII. IN: SOUZA, Laura de Mello e (org.) *História da Vida Privada no Brasil*: cotidiano e vida privada na América Portuguesa. São Paulo: Cia das Letras, 1997, p. 387-436.

KIRSCHNER, Teresa Cristina. Burke, Cairu e o Império do Brasil. IN: István Jancsó (org.). *Brasil: formação do Estado e da Nação*. São Paulo: Hucitec / Unijui / Fapesp, 2003.

KOSELLECK, Reinhart. *Futuro Passado*: contribuição semântica dos tempos históricos. Rio de Janeiro: Contraponto, 2006.

KRAAY, Hendrik. "Em outra coisa não falavam os pardos, cabras e crioulos": o "recrutamento" de escravos na guerra de independência da Bahia. *Revista Brasileira de História*. São Paulo, v. 22, n. 43, 2002.

KRAAY, Hendrik. A Invenção do Sete de Setembro, 1822-1831. *Almanack Braziliense*. São Paulo, n. 11, p. 52-61, maio 2010.

MACHADO, André Roberto de A. Interpretações e Alinhamentos dos Povos Indígenas na Era das Revoluções Atlânticas In: *Independência*: Memória e Historiografia. São Paulo: Editora Sesc, 2022, v.1, p. 359-380.

MACHADO, André Roberto de A. Um acordo impossível: o papel das guerras na independência e na definição do Estado no Império do Brasil (1822-1825). *Almanack*, v. 1, p. 1-32, 2022.

MELLO, Evaldo Cabral de. *A outra Independência*: o federalismo pernambucano de 1817 a 1824. São Paulo: Editora 34, 2004.

MELO, Karina Moreira Ribeiro da Silva e. *Histórias indígenas em contextos de formação dos Estados Argentino, Brasileiro e Uruguaio*: charruas, guaranis e minuanos em fronteiras platinas (1801-1818). Campinas: Unicamp, 2017. Tese de Doutorado.

MOREL, Marco. *A Revolução do Haiti e o Brasil Escravista*: O que não deve ser dito. Jundiaí: Paco, 2017.

OLIVEIRA, Cecília Helena de Salles; MATTOS, Cláudia Valadão (Org.). *O Brado do Ipiranga*. São Paulo: Edusp/Museu Paulista/Imprensa Oficial, 1999.

PIMENTA, João Paulo Garrido. A independência do Brasil como uma revolução: história e atualidade de um tema clássico. *História da Historiografia*, Ouro Preto, v. 2, n. 3, p. 53–82, 2009.

PIMENTA, João Paulo Garrido. *Estado e Nação no Fim dos Impérios Ibéricos no Prata (1808-1828)*. São Paulo: Hucitec, 2002.

REIS, João José. O Jogo Duro do Dois de Julho: o "Partido Negro" na independência da Bahia. *In*: REIS, João José; SILVA, Eduardo. *Negociação e Conflito*: a resistência negra no Brasil escravista. São Paulo: Cia das Letras, 1989.

RODRIGUES, José Honório. *A Assembleia Constituinte de 1823*. Petrópolis: Vozes, 1974, p. 113-117.

SOUZA FILHO, Argemiro Ribeiro de. *Confrontos políticos e redes de sociabilidade*, Bahia 1821-23. Tese (Doutorado em História Social) – Universidade de São Paulo, São Paulo, 2011.

Sobre os autores

Sérgio Guerra Filho é doutor em História Social pela Universidade Federal da Bahia, professor Adjunto da Universidade Federal do Recôncavo da Bahia, onde atua na licenciatura em História e no Mestrado Profissional em História da África, da Diáspora e dos Povos Indígenas.

André Roberto de Arruda Machado é professor do Departamento de História da Universidade Federal de São Paulo (UNIFESP). É doutor em História Social pela USP (2006) e realizou estágios de pesquisa (pós-doutorado) no CEBRAP, entre 2007 e 2009, na Brown University e na Harvard University, entre 2019 e 2020. É coeditor da revista Almanack.

O Príncipe, a tropa e seu povo: As guerras de Independência no Rio de Janeiro (1820-1822)

Adriana Barreto de Souza

A independência do Brasil foi por muito tempo entendida como resultado da atuação de grupos políticos mais organizados e de articulações palacianas. O clássico de Oliveira Lima, *O movimento da independência, 1821-1822*, é sem dúvida o maior representante dessa interpretação. Mesmo nos oferecendo uma descrição detalhada, fundada em criteriosa pesquisa empírica, dos episódios ocorridos nas ruas do Rio de Janeiro, ao fazer uma avaliação geral dos fatos, Oliveira Lima concluiu que "faltava povo". Isso porque – conforme explica – "a ralé até existia, mas era um elemento fora da vida política; o grau de ignorância, a condição de falta de cultura, vedava ao povo qualquer participação na vida consciente da comunidade".[1]

1 Agradeço a colaboração de Millene Pinheiro da Costa, bolsista de Iniciação Científica – PIBIC/CNPq, na coleta de documentos na Hemeroteca Digital. A argumentação aqui desenvolvida dá sequência a reflexões elaboradas em meio à pandemia de Covid 19 (portanto, com os arquivos fechados) para o evento *3 x 22 – Independência: memória e histo-*

Não vou explorar aqui o quanto há de preconceito nessas frases, ele é evidente. Meu interesse é mostrar como, ao organizarem interpretações, esses preconceitos silenciam vozes, apagam a atuação de diversos atores sociais e podem, por conseguinte, impedir a compreensão de como instituições tradicionais – no caso, as forças militares – se organizavam no passado.[2] Foi a partir da crítica a esse tipo de enquadramento historiográfico que, décadas mais tarde, em 1976, José Honório Rodrigues decidiu escrever um livro sobre a Independência do Brasil, defendendo a ideia oposta – a de que tratou-se de uma revolução. Escrevia para contestar a abordagem do clássico pernambucano. Sustentava, como explica no prefácio, "a tese de que a independência não foi um desquite, uma separação amigável, como afirmou Oliveira Lima".[3]

Esta polêmica entre dois autores canônicos da historiografia brasileira é bem conhecida, e não pretendo tomar partido nela. Para se opor a Oliveira Lima, Honório Rodrigues acabou produzindo uma narrativa fortemente nacionalista e, por isso, extemporânea. O objetivo desse artigo é inventariar – apoiando-

---

riografia, organizado por Wilma Peres Costa e Télio Cravo e cujos resultados serão em breve publicados. Agradeço a ambos a oportunidade de um diálogo tão vivo em tempos tão obscuros.

LIMA, Manuel de Oliveira. *O movimento da independência. 1821-1822.* Rio de Janeiro: Topbooks, 1997, p.55.

2 Para uma crítica desses enquadramentos historiográficos: Mamigonian, Beatriz. Tráfico de escravos, africanos livres, trabalho compulsório e os silêncios na história da Independência, In: Costa, Wilma e Cravo, Télio (orgs.) *3 x 22 – Independência: memória e historiografia*. No prelo.

3 RODRIGUES, José Honório. *Independência: Revolução e contra-revolução. As forças armadas.* Rio de Janeiro: Biblioteca do Exército editora, 2002.

-se em pesquisas publicadas nas duas últimas décadas[4] – os conflitos de rua noticiados pela imprensa fluminense e registrados por cronistas para elaborar uma narrativa que faça emergir para primeiro plano um cenário conflituoso e, simultaneamente, nos permita entender quem eram "a tropa e o povo" envolvidos nesses conflitos. Formulando de outra maneira, a intenção é mapear melhor como se organizavam as forças militares que tomaram as ruas do Rio de Janeiro durante as lutas pela independência.

Os fatos da Independência no Rio de Janeiro

As primeiras notícias da revolução constitucional do Porto, e da adesão de Lisboa, chegaram ao Rio de Janeiro em outubro de 1820. A convocação das Cortes para, sob inspiração de ideias liberais, elaborar uma Constituição era um duro golpe na autoridade de d. João VI. Em janeiro de 1821, a província do Pará aderiu às Cortes e, em fevereiro, o movimento começou a se difundir pelo Norte a partir da adesão da Bahia. Enquanto isso, no Rio de Janeiro, d. João procurava reagir. Em 18 de fevereiro, assinou dois decretos. Em um deles, determinou a partida de d. Pedro para Lisboa. Sua intenção era, por meio do filho, manter-se informado sobre as decisões e intenções das Cortes. O outro decreto previa a convocação de uma comissão no Rio de Janeiro para elaborar uma outra Constituição a partir de consultas às câ-

---

4 Referências importantes aqui são: RIBEIRO, Gladys. *A liberdade em construção: identidade nacional e conflitos antilusitanos no Primeiro Reinado*. Rio de Janeiro: Relume-Dumará, 2002; SOUZA, Iara Lis Carvalho. *Pátria Coroada. O Brasil como corpo político autônomo*. São Paulo: Unesp, 1999; NEVES, Lúcia Bastos Pereira das. *Corcundas e Constitucionais: a cultura política da independência (1820-1822)*. Rio de Janeiro: Editora Revan, 2003; e SLEMIAN, Andréa. *Vida política em tempo de crise: Rio de Janeiro (1808-1824)*. São Paulo: Hucitec, 2006.

maras municipais de todo o Brasil. A manobra era clara. D. João apelava às tradicionais instituições locais de poder, as câmaras, para garantir a sua legitimidade e opor-se às Cortes de Lisboa.[5]

A divulgação do nome dos integrantes dessa comissão acabou, porém, aprofundando a crise. Foram nomeados para integrá-la ministros, desembargadores e militares que já faziam parte do governo, o que revoltou um poderoso grupo de pressão que então emergia vinculado a proprietários e comerciantes do Recôncavo da Guanabara, e apoiado por negociantes de gêneros de abastecimento, além de bacharéis e oficiais militares. Tendo ascendido à sociedade política a partir de 1808, esses homens – liderados por Joaquim Gonçalves Ledo e José Clemente Pereira – viam na crise a possibilidade de ampliarem sua participação no governo por meio da formação de uma sociedade civil e da expansão de seus direitos políticos.[6] Todavia, os nomes indicados para a referida comissão deixavam claro que o rei se movimentava para impedir o avanço do movimento constitucional e, por conseguinte, sua subordinação às Cortes de Lisboa.

Numa rápida reação, esse grupo – identificado como constitucional – se articulou com oficiais do Exército e das milícias. D. João tentou reverter a situação, lançando um decreto no qual aprovava as bases da Constituição que se elaborava em Lisboa.[7] Mas, já era tarde. Na madrugada do dia 26 de fevereiro, as tropas ocupavam em grande agitação o Largo do Rocio (atual Praça Tiradentes), exigindo juntamente com comerciantes e proprie-

5 SLEMIAN, Andréa. Op.cit., p.113.

6 *Idem*. p.115.

7 O texto do decreto, datado de 24 de fevereiro de 1821, pode ser encontrado em: https://digital.bbm.usp. br/view/?45000000168&bbm/2411#page/1/mode/2up. Último acesso em: 06/07/2021.

tários, dentre outras coisas, a nomeação de um novo ministério, a partida de d. João para Portugal e a eleição dos deputados que representariam o povo fluminense nas Cortes de Lisboa.[8]

Foi nessa ocasião que d. Pedro ocupou politicamente pela primeira vez a praça pública. Ainda nessa madrugada, cruzou a cidade e, chegando ao Rocio, negociou – para usar expressão consagrada pelas fontes – com "povo e tropa", partindo, em seguida, de volta ao Palácio São Cristóvão, com as demandas do grupo. Naquela mesma madrugada, d. Pedro ainda retornaria à praça. Dessa vez, trazendo os decretos por meio dos quais d. João acolhia as demandas. Para não parecer que o rei cedia à pressão das ruas, os decretos foram datados de 24 de fevereiro. Às onze horas da manhã, foi a vez do próprio monarca chegar ao Largo do Rocio. O príncipe vinha à frente, a cavalo. Os dois foram recebidos com vivas, aplausos e tiros. Da varanda do Real Teatro São João, no meio do Largo Rocio, d. João reafirmou o compromisso assumido pelo filho. A tropa, então, desfilou ordeiramente em sua honra e o rei deu sua mão a beijar aos súditos.[9]

Essa descrição do que se passou no Largo do Rocio na madrugada de 26 de fevereiro já nos permite identificar – como destacou Iara Lis Schiavinatto – a emergência da praça pública no jogo político como lugar privilegiado da liturgia do poder,

---

8 SOUZA, Iara Lis. Op.cit., p.95.

9 Para o relato original, ver: "Relação dos acontecimentos do dia 26 de fevereiro de 1821, nesta cidade do Rio de Janeiro, e de algumas circunstâncias que o precederam e produziram". Microfilme F7631.Biblioteca Nacional de Lisboa. Há transcrição deste documento em: https://app.mapfre.com/documentacion/publico/es/catalogoimagenes /grupo.do?path=1085588. Último acesso em: 6/07/2021.

mas também de d. Pedro como liderança política liberal, capaz de resolver conflitos e ocupar a cena pública.[10]

Se em fevereiro os protagonistas foram as tropas, especialmente o Exército, em abril, no episódio da Praça do Comércio, a adesão popular transformou o curso dos acontecimentos. Em 7 de março, pressionado pelo pronunciamento militar de fevereiro, d. João tornou pública sua decisão de embarcar para Portugal e convocou a reunião dos eleitores que escolheriam os deputados para Constituinte em Lisboa. A data prevista para essa reunião era 22 de abril.

Em meio a esse clima instável, o grupo constitucional, liderado por Gonçalves Ledo, viu nessa reunião uma ótima ocasião para, além de escolher os eleitores dos deputados, definir a criação de um governo provisório capaz de limitar as ações de D. Pedro na futura regência que se desenhava.[11] A disputa crescia. Para desmobilizar os constitucionais, o governo antecipou de forma inesperada a reunião para o dia 21. Enquanto isso, o grupo trabalhava para torná-la o mais pública possível. Conquistando o apoio do ouvidor da cidade, conseguiram transferi-la do sustensório da Igreja de São Francisco de Paula para a Praça do Comércio onde, inclusive, montaram arquibancadas para acomodar o povo disposto a assistir a reunião. A mobilização era geral. As arquibancadas foram erguidas por meio de subscrições públicas e a alteração do local conferia ao já tenso processo eleitoral um caráter, na avaliação dos mais conservadores, excessivamente público.[12] Além da ampliação da assistência,

10 SOUZA, Iara Lis. Op.cit., p. 99.

11 SLEMIAN, Andréa. Op.cit., p.121.

12 Ver: FERREIRA, Silvestre Pinheiro. *As dificuldades de um Império Luso-brasileiro*. Brasília: Editora do Senado, 2012. p.112. Documentos para

a reunião – tendo como referência as Cortes de Lisboa – foi regida pela Constituição de Cádiz que, por sua vez, definia como eleitores, além de proprietários, homens de ofício. Isso significa que ela abria a votação para taverneiros, boticários, mascates, soldados, caixeiros, lavradores e artesãos em geral. Vinculava os direitos políticos à propriedade, mas também ao mundo trabalho. O resultado foi a reunião de cerca de 160 pessoas, de várias classes, militares e civis, na Praça do Comércio.[13]

Nos quartéis, assim como nos cafés e nas lojas dos mercadores das ruas Direita e da Quitanda, lugares – na avaliação de Silvestre Pinheiro, então ministro de Estado – "da mais desenfreada liberdade de falar", os espíritos entravam numa "efervescência difícil de reprimir" porque cada um tinha seus motivos diante do "penoso desassossego incerto da fortuna".[14]

Tratando-se de evento aberto, outras pessoas, que transitavam pela rua, curiosas, se aproximaram e, em pouco tempo, o prédio estava lotado de gente desejosa de tomar parte no ato político. Era imenso – registra Silvestre Pinheiro – o "concurso de todas as classes inferiores da sociedade."[15] Chamados a "encarnar o povo soberano," aglomeravam-se, amedrontando os "homens mais ilustres da cidade".[16] O desfecho do episódio é conhecido. Como a população havia passado a madrugada em

---

a História da Independência. p.277-330. Disponível em: https://biblioteca-digital. seade.gov.br/view/singlepage/index.php?pubcod=10014130&parte=1. Último acesso: 6/07/2021.

13 SOUZA, Iara Lis. Op.cit., p.101.

14 FERREIRA, Silvestre Ferreira. Op.cit., p.106.

15 *Idem*, p.114.

16 SOUSA, Octávio Tarquínio de. *História dos Fundadores do Império do Brasil. A vida de d. Pedro I.* Vol. II. Rio de Janeiro: José Olympio, 1957. p.239.

debate acalorado, pautando temas e propondo reivindicações não previstas para a reunião, D. João decidiu enviar tropas para o local. Encontrando a porta da Praça fechada e "recusando-se a abri-la as pessoas que dentro dela se tinham refugiado", as tropas "a arrombaram e fizeram duas descargas, com que varreram quanto dentro se achava".[17] À própria época, o episódio foi considerado uma "fatal notícia", um verdadeiro massacre.

Vários foram os desdobramentos desses acontecimentos. Além da abertura de devassa, no dia seguinte, em 22 de abril, decidiu-se pelo embarque imediato de d. João para Lisboa – o que ocorreu no dia 26 – e pela nomeação de d. Pedro para regente do Brasil.[18]

A temperatura política da cidade, porém, não arrefeceu. A Divisão Auxiliadora, tropa portuguesa comandada pelo general Jorge de Avilez, que então ocupava o cargo de governador das armas da corte e da província do Rio de Janeiro, desconfiava das intenções constitucionais do príncipe. Quando, em fins de maio, a notícia da aprovação das bases da Constituição em Lisboa chegou à cidade, as expectativas voltaram a crescer. D. Pedro precisava se posicionar formalmente e, para forçá-lo a tomar posição, logo começaram a correr boatos de que a tropa portuguesa conspirava. No dia 5 de junho, corpos da Divisão Auxiliadora se amotinaram, ocupando o Largo do Rocio. Além da aceitação das bases da Constituição portuguesa, exigiam a organização de juntas provisórias de governo nas províncias e a demissão do conde dos Arcos, considerado por eles uma liderança separatista. Dois

17 *Idem*. p.124.

18 O texto do decreto encontra-se em: http://www.planalto.gov.br/ccivil_03/Atos/dim/1821/DIM-22-4-18212.htm. Último acesso: 6/07/2021.

dias depois, em 7 de junho, o príncipe cedia à pressão, atendendo a todas as exigências da Divisão Auxiliadora.[19]

A partir de então, a tropa portuguesa tornou-se uma espécie de guardiã dos princípios constitucionalistas das Cortes de Lisboa, tomando para si a tarefa de fiscalizar seu cumprimento

pelo príncipe-regente, o que reascendeu antigas rixas com as tropas do Brasil, disseminou a desconfiança entre a população local e, por conseguinte, manteve a cidade em um estado de suspensão.[20] A autoridade de d. Pedro era frágil, equilibrando-se entre a obrigação de fidelidade à Casa de Bragança e o juramento às bases da Constituição. Em outubro, quando as Cortes de Lisboa exigiram o retorno de d. Pedro, a desconfiança se instalou nas tropas portuguesas. O general Avilez duvidava que o príncipe obedeceria às Cortes e, pressionando-o mais uma vez, conseguiu que, num impulso, ele anunciasse que regressaria a Portugal.

A exigência do retorno do príncipe-regente coroava, na verdade, uma série de reformas administrativas que já vinham corroendo a autonomia do Rio de Janeiro. Para fazer frente a essa nova rede de poder que se consolidava a partir de Lisboa, minando a hegemonia da corte tropical, entre outubro e dezembro de 1821, as articulações envolvendo as elites de São Paulo e Minhas Gerais em torno de d. Pedro se intensificaram, redundando no ato do dia 9 de janeiro – o dia do "Fico".[21] Dois dias após a declaração de d. Pedro de que permaneceria no Brasil,

---

19 SLEMIAN, Andréa. Op.cit., p. 123.

20 *Gazeta Extraordinária do Rio de Janeiro*, 19 de junho de 1821. Disponível em: http://memoria.bn.br/DocReader /docreader.aspx?bib=749664&pesq=&pagfis=6470. Último acesso: 04/04/2022.

21 Souza, Iara Lis. Op.cit., p.134.

estreitando seus vínculos com a "causa do Brasil", rebentaria no centro do Rio de Janeiro um novo motim das tropas portuguesas, lideradas pelo general Avilez. Aos gritos de viva o "general constitucional", os batalhões 11º e 15º abandonaram seus quartéis e, provendo-se de artilharia, marcharam para o morro do Castelo, com a intenção de dominar a cidade. No caminho, por onde passavam, quebravam vidraças, apagavam luminárias e rasgavam editais que anunciavam o "Fico". A reação, porém, foi imediata. Face ao comportamento das tropas portuguesas nos últimos meses, certamente ela já estava organizada. Na madrugada do dia 12, as tropas "da terra", as milícias com seus regimentos de pretos e pardos, além de muitos civis acorreram ao Campo de Santana. Quando amanheceu, a concentração de pessoas armadas já era enorme. Autores clássicos, dentre eles Oliveira Lima, apoiando-se na pesquisa de Varnhagen, estimam que havia 10 mil pessoas no Campo de Santana.[22] No dia 12, quase rebentou uma guerra civil. Foi apoiado por essa força militar bastante heterogênea que o príncipe conseguiu fazer a Divisão Auxiliadora desistir de seu intento: abandonou o Morro do Castelo e atravessou a baía para se instalar na Praia Grande (atual Niterói), de onde partiu no dia 15 de fevereiro para Portugal.

O príncipe e o Exército

A força simbólica do Exército como instituição nacional, produto de disputas políticas do século XX, por vezes, contamina a análise de eventos históricos do passado. Como já foi am-

22 LIMA, Manuel de Oliveira. Op.cit. p.207. Para ver em Varnhagen: VARNHAGEN, Francisco Adolfo de. História da Independência do Brasil. In: *RIHGB*, vol.173, 1938. p.153.

plamente demonstrado por clássicos, quer da sociologia, quer da historiografia, o modelo de exército que conhecemos, como força profissional de âmbito nacional, é um artefato, resultado da ação de grupos políticos no tempo.[23] Nas duas primeiras décadas do século XIX, as forças militares do então Império Luso-brasileiro em nada lembravam esse Exército. Compondo essas forças, havia duas instituições: um Exército permanente, com tropa paga, preferencialmente integrado em suas patentes mais altas por portugueses nascidos no Reino, e as milícias, até o século XVIII, mais conhecidas como terços auxiliares. Uma tropa não remunerada pela Coroa, comandada por potentados locais, que eram responsáveis por sua organização e manutenção.[24]

O Exército, à época também denominado tropa de linha, não era uma força profissional. Ainda que houvesse desde 1811 uma Academia Militar em funcionamento no Rio de Janeiro, a primeira da cidade com o funcionamento mais regular e prolongado, seus cursos não eram pré-requisito para ingresso, nem para promoção na carreira. Além disso, seus alunos não usavam uniformes, o regime era de externato e suas regras disciplinares eram as mesmas que regiam os estabelecimentos civis de ensino. Aliás, a Academia também recebia alunos civis, que pretendiam se formar em engenharia. Ou seja, tratava-se de uma academia

---

23 Sobre o processo de construção dos exércitos nacionais, ver, dentre outros: HUNTINGTON, Samuel. *O Soldado e o Estado*. Rio de Janeiro: Biblioteca do Exército, 1996; Janowitz, Morris. *The professional soldier: a social and political portrait*. New York: Free Press, 1971. PARKER, Geoffrey. *The Military Revolution: Military Innovation and the Rise of the West, 1500–1800*. Cambridge: Cambridge University Press, 1988.

24 SELVAGEM, Carlos. *Portugal militar. Desde as origens do Estado portucalense até o fim da dinastia de Bragança*. Lisboa, Imprensa Nacional/ Casa da Moeda, 1991.

desmilitarizada. Reconhecer esse caráter não profissional da carreira significa afirmar ainda que a oficialidade de então – se comparada aos padrões atuais – não detinha um conhecimento técnico específico sobre a guerra, não partilhava valores orientados por uma disciplina rigorosa, nem constituía um grupo unificado por uma forte identidade corporativa. Isso porque nenhuma experiência vivida por eles durante os anos de formação visava desenvolver esses predicados.[25]

Os oficiais que circundavam d. Pedro nas ruas e praças do Rio de Janeiro, fossem eles nascidos no Reino ou no Brasil, agiam de acordo com um outro modelo de "ser militar", dado por uma tradição de Antigo Regime. Uma característica chave desse modelo era a dependência, especialmente da alta oficialidade, em relação à Coroa, que detinha o monopólio de distribuição de vários bens simbólicos, dentre eles, as patentes militares.[26] Desse modo, quando o general Avilez começou, em junho de 1821, a usar uma parcela das tropas portuguesas para pressionar o príncipe e, em seguida, em janeiro de 1822, liderou um motim na cidade, a demonstração pública de apoio a d. Pedro certamente foi avaliada por muitos oficiais como uma "janela de oportunidades." O cálculo era simples: quanto maior a importância da causa e, portanto, o risco político envolvido em sua defesa, mais bem remunerados seriam os serviços prestados.[27]

25 SOUZA, Adriana Barreto de. *Duque de Caxias, o homem por trás do monumento*. Rio de Janeiro: Civilização Brasileira, 2008. Ver especialmente o capítulo 2.

26 SOUZA, Adriana Barreto de. A Serviço de Sua Majestade: a tradição militar portuguesa na composição do generalato brasileiro (1837-1850). In: CASTRO, Celso; IZECKSOHN, Vítor; KRAAY, Hendrik. (Org.). *Nova História Militar Brasileira*. Rio de Janeiro: FGV/ Bom Texto, 2004. p. 161.

27 SOUZA, Adriana Barreto de. *Duque de Caxias*... Op.cit., Capítulo 1.

Uma oportunidade tão mais preciosa em se tratando do Rio de Janeiro da virada para os anos 1820. Até 1808, a cidade dispunha de poucos postos no Exército e raras oportunidades de promoção na carreira. Com o estabelecimento da corte imperial, esse quadro mudou. Mesmo sem contar com informações precisas, é possível afirmar que houve um aumento significativo do efetivo militar da cidade. A novidade renovou as expectativas dos militares residentes na cidade. Porém, como d. João optou durante seu governo por não misturar os corpos militares, se estabeleceu uma cisão entre tropas portuguesas e brasileiras. Como notou Michael McBeth, em função dessa política, as tropas mantiveram até mesmo seus uniformes originais. O que à princípio parecia um detalhe, no dia a dia, alimentava rivalidades nas ruas e praças da cidade. Uma tensão que só aumentou a partir de 1816, quando 10 mil homens desembarcaram no Rio de Janeiro: 5 mil da Divisão de Voluntários Reais, liberados em Portugal com o fim das guerras napoleônicas, e outros 5 mil da Divisão Auxiliar, vindos de Lisboa justamente sob o comando do general Jorge de Avilez para apoiar a repressão à Revolução Pernambucana.[28]

Por terem lutado nas guerras europeias sob as ordens do duque de Wellington e terem, por isso, recebido distinções militares, os oficiais dos Regimentos portugueses se acreditavam superiores, se tomando por heróis. Distinções que, além de tensionar a relação com os demais oficiais, estourava nas promoções. As patentes mais altas eram conferidas – como observou

---

28 McBeth, Michael. *The politicians vs. the generals*: the decline of the brazilian army during the first empire 1822-1831. Washington: University of Washington, PHD Thesis, 1972. p.6 e 32-33.

John Armitage – "quase exclusivamente a oficiais das unidades portuguesas".[29]

Diante desse quadro, o retorno de d. João para Portugal certamente foi visto como uma oportunidade única para a oficialidade nascida ou residente há muito no Brasil. Pelas contas de McBeth, entre 1821 e 1823, cerca de 14 mil oficiais militares deixaram o Brasil.[30] É verdade que não estavam todos servindo na corte imperial. Porém, tamanha movimentação, somada à instabilidade política, deixava claro que uma reconfiguração institucional era inevitável.

Mas não eram apenas as tropas de linha que estavam atentas a essa reconfiguração. Na verdade, tradicionalmente, o efetivo dessa tropa sempre foi muito inferior ao das milícias. Em "terras de conquista", as milícias eram dominantes. As informações, conforme dito acima, são imprecisas. Não havia à época leis de fixação de forças de terra e, para os anos de 1821 e 1822, não dispomos do Almanaque do Rio de Janeiro. O mais próximo desses anos é o almanaque de 1817. Por ele, a guarnição da corte era feita por cinco unidades do Exército (três regimentos de infantaria, um de cavalaria e um de artilharia) e sete de milícias (quatro regimentos de infantaria e 3 de cavalaria). Da guarnição da província, a tropa de linha sequer participava. Ela era toda realizada por onze regimentos de infantaria de milícias.[31] Essas milícias incorporavam – ainda que de forma segregada – indígenas, pretos e pardos livres e libertos. Participando formalmente

29 ARMITAGE, John. *História do Brasil.* Brasília: Edições do Senado Federal, 2011. p.54.

30 MCBETH, Michael. Op.cit. p.33.

31 Almanaque do Rio de Janeiro para o ano de 1817. In: *RIHGB*, vol. 270, 1966, p.211.

da guarnição da cidade do Rio de Janeiro, em 1821, havia um regimento de milícias de homens pardos e um regimento de homens pretos, popularmente conhecido como Henriques.

Em termos numéricos, a estimativa é de que a guarnição da cidade era integrada em 1822 por três mil homens, incluindo aí as tropas portuguesas.[32] Então, cabe perguntar: quem eram os outros mais de sete mil homens em armas reunidos no Campo de Santana, no dia 12 de janeiro, dispostos a defender o príncipe enfrentado a tropa portuguesa do general Avilez?

Ainda que o número de 10 mil homens possa ser exagerado, dá para afirmar com segurança que o "exército de d. Pedro" constituía, na verdade, uma massa heterogênea, que misturava tropas de linha, das milícias e populares. Em termos raciais, uma massa composta por brancos, pretos, pardos – homens livres e libertos – e, talvez, até mesmo indígenas. Conforme noticiou a *Gazeta do Rio de Janeiro*, em seu suplemento do dia 9 de fevereiro, durante a madrugada do dia 12, o número de "concorrentes" ao Campo de Santana foi crescendo, avolumando a "tropa da terra": "à proporção que cada cidadão ia pondo sua família em segurança, se vinha incorporar com os defensores da sua liberdade para ajudarem a sustentar os seus direitos".[33]

---

32 VAL, Nilo. A formação do Exército brasileiro e sua evolução no século XIX. In: *RIHGB*, vol. VII, 1922, p.635.

33 Suplemento ao nº 18 da *Gazeta do Rio de Janeiro*, de 9 de fevereiro de 1822. Disponível em: http://memoria. bn.br/DocReader/docreader.aspx?bib=749664&pasta=ano%20182&pesq=aquartellada&pagfis=7059. Último acesso em: 07/04/2022.

O príncipe e seu povo

Desde fevereiro de 1821, a corte imperial vivia dias de sobressalto, com manifestações ocupando suas praças e ruas. A primeira delas, que exigiu de d. João a aprovação das bases da Constituição que se elaborava em Lisboa, foi articulada por grupos políticos organizados e parte da elite. Já a de abril, ocorrida na Praça do Comércio, ampliou o uso da palavra pública, tomada naqueles dias – com forte teor político – por uma população muito diversa. Como bem definiu Oliveira Lima, o Rio de Janeiro era "uma cidade africana, com negros a fervilharem em todos os cantos". Ao fazer uma lista dos serviços prestados por esses negros, apesar de mencionar os "negros nas fileiras dos regimentos", o escritor pernambucano se restringiu basicamente ao mundo do trabalho escravo. Como escreveu: o Rio de janeiro "era o centro da escravidão".[34]

Ele tinha razão. Na virada para o XIX, após tornar-se a capital do Império português, a cidade do Rio de Janeiro passou a integrar uma importante rede de negócios que incluía Goiás, Mato Grosso, Londres, Lisboa, Buenos Aires, Luanda, Goa, além de outras regiões. Uma rede que fez do porto da cidade o principal porto mercantil do hemisfério sul e, nesse movimento, sua população cresceu de forma exponencial, especialmente a de escravizados. Sistematizando dados fornecidos por John Luccock e pela historiografia, Gladys Ribeiro calculou que a população da capital em 1821 girava em torno de 79.321 habitantes, sendo 36.182 escravizados e 43.139 livres. Se consideramos apenas as freguesias urbanas, essa proporção entre livres e escravizados se mantinha. A única que escapava ao padrão era a freguesia da Candelária, onde o número de escravizados era superior: 56,6% para 43,4% de pessoas livres. Deslocando-se para os arrabaldes

34 LIMA, Manuel de Oliveira. Op.cit., p.58.

da cidade, a proporção se invertia, predominando de longe a população a escravizada. Nas freguesias de Meriti, Joacoatinga e Inhaúma, por exemplo, o percentual de pessoas escravizadas em 1821 chegava, respectivamente, a 69,3%, 65,6% e 60,3%.[35]

Mas é preciso ler com cuidado esses dados. Identificar a população escravizada e a livre não é o mesmo que identificar negros e brancos. Essas estatísticas se referem à condição jurídica das pessoas, inclusive, não distinguem livres de libertos. Ou seja, na categoria "população livre" há muitos homens de ascendência africana, sendo possível afirmar, acompanhando Gladys Ribeiro, que o Rio de Janeiro de 1822 era uma "cidadela branca (...) sitiada por uma população de 'homens de cor' e escravos".[36] O perfil dos cidadãos que acorreram ao Campo de Santana e engrossaram em janeiro de 1822 a "tropa da terra" – ela em si já composta por regimentos de homens pretos e pardos – era, portanto, de homens brancos, pretos e pardos livres e libertos.

Neste ponto, cabe perguntar o que teria mobilizado esses homens, qual a razão de terem deixado suas casas, no meio da madrugada, para tomar partido nessas disputas. Tanto cronistas quanto a historiografia fazem menção direta à participação popular, ainda que muitos, ao final, optem por reforçar a ideia de que o povo tenha ficado de fora dos acontecimentos. A hipótese em que tenho trabalhado é a de que eles não só participaram como foram instados a participar pelo príncipe-regente.[37] Ao perceber, especialmente a partir de outubro de 1821, a fragilidade de sua autoridade, premida entre a obrigação de fidelidade

---

35 RIBEIRO, Gladys Sabina. Op.cit., p.171.

36 *Idem*. p.173.

37 Comecei a explorar essa hipótese no artigo Quem eram os "briosos militares"? O exército de d. Pedro às vésperas da independência (Rio de Janeiro, 1821-1822), que saíra em breve na coletânea organizada por Wilma Costa e Télio Cravo, intitulada: *3 x 22 – Independência: memória e historiografia*.

à Casa de Bragança e o juramento às bases da Constituição, d. Pedro não só avançou nas negociações – já bem conhecidas – com elites de São Paulo e Minas, como também passou a investir na busca de apoio popular.

Um bom indicativo da forma como isso foi feito é o substantivo usado pela *Gazeta do Rio de Janeiro* para se referir à população que ocupou o Campo de Santana em socorro ao príncipe. Tratava-se de cidadãos, homens que antes de se apresentarem, cuidaram de proteger suas famílias. Em 17 de fevereiro, um mês após o episódio, foi o próprio príncipe que saudou os habitantes da cidade como "beneméritos da pátria", agradecendo seu apoio, conclamando-os a "praticar as virtudes sociais do sistema constitucional" e comprometendo-se a "guardar vigilante" seus "sagrados direitos".[38] A recorrência a um vocabulário constitucional era uma prática nova. Até então, nos documentos oficiais, os vocativos acionados eram "fiéis súditos" e "povo brasiliense." Só após os acontecimentos de janeiro, as proclamações passaram a se dirigir à população "de todas as qualidades, classes ou ofícios desta cidade", tratando-a como "beneméritos cidadãos" e instando-a a participar da "sociedade cujos direitos nos respeita".[39]

38 Proclamação disponível em: http://memoria.bn.br/DocReader/docreader.aspx?bib=700916&pasta=ano%20182&pesq=%22tropas%20desta%20fiel%20capital%22&pagfis=145. Último acesso em 01/07/2021.

39 Dentre os números do *Diário do Rio de Janeiro*, destaco os de 23 de agosto e 24 de setembro de 1822. Disponível respectivamente em: http://memoria.bn.br/DocReader/docreader.aspx?bib=094170_01&pasta=ano%20182&pesq =cidad%C3%A3ospagfis=2110 e http://memoria.bn.br/DocReader/docreader.aspx?bib=09417001&pasta=ano% 20182&pesq=cidad%C3%A3os&pagfis=2221. Acesso em: 10/02/2022.

O príncipe-regente, ao que parece, já vinha mudando de estratégia face às dificuldades políticas que enfrentava. Nos primeiros dias de janeiro, o então ministro da guerra, general Carlos Frederico de Caula, partidário das Cortes de Lisboa, descreveu em um memorando que a indisposição das "tropas de linha e das milícias da terra" contra a Divisão Auxiliadora seguiu um "plano premeditado". Para o general, houve uma ação coordenada e, apesar de não escrever explicitamente, o general sugeriu que d. Pedro teria participado dessa ação. Inclusive, afirma que consta "a nomeação de generais e oficiais superiores" para comandar esses homens.[40]

Em ofício datado de oito meses antes, do dia 17 de junho, o barão de Mareschal afirmou que o príncipe ia com frequência aos quartéis e que a atitude o "tornava mais popular".[41] Sobre a participação das milícias e de populares, as referências aparecem em todos os cronistas. Maria Graham escreve em seu diário que, na madrugada de 12 de janeiro, d. Pedro, agindo de forma "incansável", correu a cidade, "reunindo os diferentes corpos de milícias e as tropas nativas, a fim de proteger a praça da ameaça de saque pelos portugueses".[42] Sem tomar esses relatos como a verdade dos fatos, chamo atenção apenas para a menção à participação da população em diferentes documentos, ora referida nesses termos, ora como parte da tropa da terra ou tropas nativas. Em sua correspondência diplomática, o barão de Mareschal registrou que os populares se agregaram "em número conside-

40 Documentos para a História da Independência.... Op.cit., p.368 e 369.

41 Correspondências do Barão de Mareschal. In: *RIHGB*. Vol. 80, 1916. p.186.

42 GRAHAM, Maria. Diário de uma viagem ao Brasil. São Paulo: Companhia Editora Nacional, 1956. p.203.

rável" às milícias. As "tropas de Avilez inspiravam "fundo terror" e, por isso, d. Pedro "não tinha como recuar". Ele já tinha "avançado demais". Por todo lado, via-se nas ruas da cidade uma mistura de "tropas, milícias, gente do campo, negros e mulatos, padres e monges", gente "a pé e a cavalo, armados de pistolas, de facas e de porretes.[43]

Certamente a correspondência do barão austríaco serviu de base à narrativa de Varnhagen, que descreveu do mesmo modo a multidão que tomou o Campo de Santana. Não só confirmou sua presença no campo, como a identificou: reuniu-se ali "a tropa de linha e miliciana, incluindo os regimentos dos Henriques e de Pardos (...) e um sem número de cidadãos de todas as classes, cada um armado como pode, entrando nesse número muitos eclesiásticos e até frades".[44]

A toda essa gente – de acordo com Oliveira Lima – se juntou o "pessoal do comércio", que percorria as ruas sobressaltados em patrulhas. Também incorporados às milícias, esses homens faziam o serviço militar, "armados e municiados", porém sem uniformes, como civis, usando apenas "bandas e cintos de couro cru sobre seus trajes paisanos".[45]

Após o "Fico", com as cortes de Lisboa oscilando entre uma política conciliatória e o emprego da força militar para tentar conter a crise no Brasil, a proposta de separação de Portugal foi ganhando corpo no Rio de Janeiro, especialmente a partir

---

43 Correspondências do Barão de Mareschal... Op.cit., p. 21 e 17, respectivamente.

44 VARNHAGEN, Francisco Adolfo de. Op.cit., p.151.

45 LIMA, Manuel Oliveira. O movimento da independência... Op.cit., p.212.

de junho.[46] Assim, a mobilização militar e popular prosseguia. Em um longo manifesto aos "povos do Brasil", preocupado com a guerra que rebentara na Bahia, d. Pedro convocava "cidadãos de todas as classes, a mocidade brasileira", a não temer as nações europeias e a encarar a "perspectiva de glória e de grandeza que se vos ante olha". Evocando o "valor das virtudes cívicas", em tom de promessa, o príncipe afirmava para esses cidadãos que eles teriam um "código de instrução pública nacional, que fará[ia] germinar (...) talentos de este clima abençoado e colocará[ia] a Constituição debaixo da salvaguarda das gerações futuras, transmitindo a toda a nação uma educação liberal".[47]

O sistema constitucional à época era uma ideia revolucionária. Ele transformava, a cada novo episódio que rebentava nas ruas da corte, o cenário político do Rio de Janeiro. Ao discutir os acontecimentos, a imprensa difundia essas ideias, fundadas na liberdade dos povos contra a tirania dos governos.[48] Ao mesmo tempo, em meio a esse clima, para enfrentar a oposição das tropas portuguesas, d. Pedro optava por recorrer militarmente à população de "todas as classes e ofícios". Em seguida, para mantê-la mobilizada, realizava promessas de reconhecimento de ta-

---

46 SLEMIAN, Andréa. Vida política.... Op.cit., p.131.

47 *Diário do Rio de Janeiro*, de 7 de agosto de 1822. Disponível em: http://memoria.bn.br/DocReader/docreader.aspx?bib=094170_01&pasta=ano%20182&pesq=cidad%C3%A3os&pagfis=2059. Acesso em: 10/02/2022.

48 São referências os livros: NEVES, Lúcia Bastos Pereira das. *Corcundas e Constitucionais. A cultura política da Independência (1820-1822).* Rio de Janeiro: Revan, 2003. LUSTOSA, Isabel. *Insultos Impressos. A Guerra dos Jornalistas na Independência (1821-1823).* São Paulo: Companhia das Letras, 2000. CARVALHO, José Murilo de, Bastos, Lúcia; BASILE, Marcello. *Às armas, cidadãos!* Panfletos manuscritos da independência do Brasil (1820-1823). Rio de Janeiro: Companhia das Letras, 2012.

lentos, do valor das virtudes cívicas e de direitos. Prometia uma Constituição e uma educação liberal. Ou seja, por meio dessas manifestações públicas, o príncipe selava uma espécie de pacto político com a população. E, muito provavelmente, foi por acreditar nessas promessas e almejar outra configuração de sociedade que a população engajou suas vidas na defesa do príncipe.

A participação do povo nos eventos que tomaram as ruas do Rio de Janeiro entre 1821 e 1822, como se pode ver, foi amplamente registrada pelos cronistas, periódicos e, também, pelos clássicos da historiografia. O avanço das pesquisas nas últimas décadas nos permite compor um quadro mais bem delineado dessa participação. O papel central da imprensa – em especial dos panfletos – na circulação das novas ideias constitucionalistas, o modo como a atuação de d. Pedro se enraizou na praça pública, politizando-a e avolumando os debates em uma cidade "centro da escravidão", mas também já bem complexa em seu perfil populacional, com uma presença crescente de "homens de cor" livres e libertos, homens de ofício, interessados em se se distinguir dos escravos, buscando meios de inserção social, nos possibilita afirmar com certa tranquilidade que a pedagogia do constitucionalismo não educou apenas a elite.[49]

É verdade que muito ainda precisa que ser feito. A questão, entretanto, não é apenas de volume de pesquisa, mas também de enquadramento historiográfico.[50] Escravizados, "homens de cor" pretos e pardos, livres e libertos, brancos pobres, nascidos em Portugal ou no Brasil, tanto quanto a elite, integravam

---

49 Às autoras amplamente citadas nesse artigo, acrescento: LARA, Silvia Hunold. *Fragmentos Setecentistas: escravidão, cultura e poder na América portuguesa.* São Paulo: Companhia das Letras, 2007.

50 MAMIGONIAN, Beatriz. Op.cit.

a mesma sociedade, viviam na mesma cidade e conviviam em diversas instituições. Foi isso que procurei mostrar no caso das forças militares. É preciso estar atento, portanto, a como toda essa gente interagia, sem esquecer que a produção de narrativas é um dos resultados dessa interação. Se, em alguns momentos, a população pode ser descrita em documentos oficiais, jornais e relatos de cronistas como "beneméritos cidadãos", em outros, foram considerados vadios ou, como quis Oliveira Lima, ralé, uma parcela da população que, por sua "ignorância", não tinha condições de participar "da vida consciente da comunidade". Sem perder de vista esses relatos e pesquisas, acredito que podemos, a partir de agora, investir mais na investigação das vozes, esforços e vontades políticas de atores por eles silenciados.

O fato de suas ideias terem sido derrotadas, ou de alguns terem possivelmente aderido ao projeto de Brasil politicamente vitorioso, não deve apagar a existência desses atores. Deve, ao contrário, nos levar a elaborar novas perguntas e a refinar nossas análises. Nesse novo balanço que as efemérides promovem, nossa geração tem uma grande vantagem: conta com um campo historiográfico mais maduro, consistente e plural. Resta-nos, portanto, avançar nos arquivos e apurar os ouvidos (e leituras). Porque, sem diálogo, perdemos muito dessa vantagem.

Referências bibliográficas

ARMITAGE, John. *História do Brasil*. Brasília: Edições do Senado Federal, 2011.

CARVALHO, José Murilo de, BASTOS, Lúcia, BASILE, Marcello. *Às armas, cidadãos!* Panfletos manuscritos da independência do Brasil (1820-1823). Rio de Janeiro: Companhia das Letras, 2012.

FARIAS, Juliana Barreto, SOARES, Carlos Eugênio Líbano, GOMES, Flávio dos Santos. *No labirinto das nações: africanos e identidades no Rio de Janeiro, século XIX*. Rio de Janeiro: Arquivo Nacional, 2005.

FERREIRA, Silvestre Pinheiro. *As dificuldades de um Império Luso-brasileiro*. Brasília: Editora do Senado, 2012.

HUNTINGTON, Samuel. *O Soldado e o Estado*. Rio de Janeiro: Biblioteca do Exército, 1996.

JANOWITZ, Morris. *The professional soldier: a social and political portrait*. New York: Free Press, 1971.

KRAAY, Hendrik. *Política racial, Estado e Forças Armadas na época da independência*: Bahia, 1790-1850. São Paulo: Hucitec, 2011.

LARA, Silvia Hunold. *Fragmentos Setecentistas: escravidão, cultura e poder na América portuguesa*. São Paulo: Companhia das Letras, 2007.

LIMA, Manuel de Oliveira. *O movimento da Independência. 1821-1822*. Rio de Janeiro: Topbooks, 1997.

LUSTOSA, Isabel. *Insultos Impressos. A Guerra dos Jornalistas na Independência (1821-1823)*. São Paulo: Companhia das Letras, 2000.

MACHADO, André. *A quebra da mola real das sociedades: a crise política do antigo regime português na província do Grão-Pará (1821-1825)*. São Paulo: Hucitec, 2010.

MAMIGONIAN, Beatriz. Tráfico de escravos, africanos livres, trabalho compulsório e os silêncios na história da Independência, In: Costa, Wilma e Cravo, Télio (orgs.) *3 x 22 – Independência: memória e historiografia*. No prelo.

MCBETH, Michael. *The politicians vs. the generals: the decline of the brazilian army during the first empire 1822-1831*. University of Washington, PHD Thesis, 1972.

NEVES, Lúcia Bastos Pereira das. *Corcundas e Constitucionais: a cultura política da independência (1820-1822).* Rio de Janeiro: Editora Revan, 2003.

PARKER, Geoffrey. *The Military Revolution: Military Innovation and the Rise of the West, 1500–1800.* Cambridge: Cambridge University Press, 1988.

REIS, João José. "O jogo duro do Dois de julho: o "Partido Negro" na independência da Bahia". In: REIS, João José, SILVA, Eduardo, *Negociação e conflito: a resistência negra no Brasil escravista.* São Paulo: Companhia das Letras, 1989.

RIBEIRO, Gladys. *A liberdade em construção: identidade nacional e conflitos antilusitanos no Primeiro Reinado.* Rio de Janeiro: Relume-Dumará, 2002.

_______. O desejo da liberdade e a participação dos homens livres pobres e de cor na independência do Brasil. *Cadernos Cedes.* Campinas, vol.22, nº 58, p.21-45.

RODRIGUES, José Honório. *Independência: Revolução e contra-revolução. As forças armadas.* Rio de Janeiro: Biblioteca do Exército editora, 2002.

SCHULTZ, Kirsten. *Versalhes Tropical. Império, monarquia e corte real portuguesa no Rio de Janeiro, 1808-1821.* Rio de Janeiro: Civilização Brasileira, 2008.

SELVAGEM, Carlos. *Portugal Militar: Compêndio de História Militar e Naval de Portugal.* Lisboa: Imprensa Nacional, 1999.

SLEMIAN, Andréa. *Vida política em tempo de crise: Rio de Janeiro (1808-1824).* São Paulo: Hucitec, 2006.

SOUSA, Octávio Tarquínio de. *História dos Fundadores do Império do Brasil. A vida de d. Pedro I.* Vol. II. Rio de Janeiro: José Olympio, 1957.

SOUZA, Adriana Barreto. *Duque de Caxias: o homem por trás do monumento.* Rio de Janeiro: Civilização Brasileira, 2008.

_______. A Serviço de Sua Majestade: a tradição militar portuguesa na composição do generalato brasileiro (1837-1850). In: Celso Castro; Vítor Izecksohn; Hendrik Kraay. (Org.). *Nova História Militar Brasileira*. Rio de Janeiro: FGV/ Bom Texto, 2004.

_______. O meio militar como arena política: conflitos e disputas por direitos no Regimento de Homens Pardos do Rio de Janeiro, 1805. *Tempo* (Niterói. Online), v. 26, p. 363-382, 2020.

SOUZA, Iara Lis Carvalho. *Pátria Coroada. O Brasil como corpo político autônomo*. São Paulo: Unesp, 1999

VAL, Nilo. A formação do Exército brasileiro e sua evolução no século XIX. In: *RIHGB*, vol. VII, 1922.

Sobre a autora

Adriana Barreto de Souza é professora do Departamento de História da UFRRJ, Pesquisadora do CNPq (PQ) e da FAPERJ (CNE). É também autora dos livros: *Duque de Caxias, o homem por trás do monumento* (2008), *O Exército na Consolidação do Império: um estudo histórico sobre a política militar conservadora* (1999) e coorganizadora do livro *Pacificar o Brasil: das guerras justas às UPPs* (2017). Orcid: https://orcid.org/0000-0002-0030-4544.

Uma província em guerra, Bahia (1822-1823)

Maria Aparecida Silva de Sousa

Quando, em 2 de julho de 1823, o Exército Pacificador entrou vitorioso na cidade de Salvador, após expulsar as tropas portuguesas da capital, e consagrou a adesão da província baiana ao Império do Brasil, expôs também as mazelas de uma sociedade que colocava em dúvida a solidez da sua própria unidade. A guerra durara pouco mais de um ano e sua eclosão esteve diretamente relacionada às disputas que envolveram portugueses europeus e americanos pelos rumos da nação portuguesa, desde o início do movimento constitucionalista em terras portuenses em agosto de 1820. A partir de então e, em poucos anos, os habitantes das várias partes do Brasil se viram envolvidos em um turbilhão de acontecimentos que pôs em suspenso o alcance da estabilidade. Todavia, a maneira pela qual os indivíduos absorveram essas mudanças foi diferenciada em cada uma das províncias. Nesse contexto, a Bahia aparece de maneira singular. E, a nosso ver, essa singularidade se relaciona às condições históricas de formação da capitania que, desde o século XVI, ocupara um lugar de importância econômica crucial para o Império português. Quando os conflitos armados se iniciaram, por volta de junho de 1822, estava em jogo não apenas a posição política da Bahia no tabuleiro das novas nações contaminadas pelo ideário liberal, mas também o peso das desigualdades sociais e a presença expressiva de escravizados que, nesse momento de crise aguda, limitariam as ações das classes dominantes. Estas são algumas das questões que proponho abordar no presente texto.

Os "Degenerados Irmãos de Portugal" (ou os inimigos externos da "causa do Brasil")

A adesão da Bahia ao constitucionalismo português, ocorrida em Salvador em 10 de fevereiro de 1821, liderada por militares e com o apoio de civis, marcou um período de amplas transformações entre seus habitantes. Como parte dessas alterações, uma das primeiras medidas foi a instalação, no dia seguinte, de uma junta provisória, com representação dos segmentos locais, que assumiu a condução do governo e as negociações com as Cortes portuguesas, sediadas em Lisboa, e o Rio de Janeiro. Como sugere Luís Henrique Dias Tavares, as articulações para o movimento adesista não estão muito claras. É possível que tivesse tido o envolvimento de alguns presos políticos que se encontravam no cárcere de Aljube desde 1817, em Salvador, por ocasião da repressão à Revolução pernambucana. Tavares observa ainda que os dois principais manifestos divulgados no decorrer do movimento denotam a ausência de uma comunhão de princípios entre as suas lideranças. De fato, enquanto a proclamação aos soldados apresenta um linguajar mais incisivo contra o despotismo de Portugal e a situação de penúria da lavoura e do comércio na Bahia; outro documento, também dirigido aos militares, não registra qualquer crítica sobre a economia local, além de assegurar que "todos os atos de administração pública continuarão como dantes, em nome do senhor rei D. João VI".[1] Ainda que a natureza dessas diferenças não estivesse suficientemente esclarecida, é provável que o entendimento sobre o alcance das mudanças a serem implementadas e mesmo a expressão de posicionamentos tidos por radicais podem ter se manifestado naquela conjuntura.[2]

Contudo, o encaminhamento dado pelas autoridades à movimentação sugere que, pelo menos em princípio, obteve-se um certo controle dos ânimos considerados mais exaltados. Numa carta escrita pelo marechal Luís Paulino D'Oliveira França, grande senhor de engenho na Bahia e ardoroso defensor da união com Portugal, a seu amigo Luís do Rego, o militar expõe com vigor e otimismo o "notável acontecimento" ocorrido no dia 10 de fevereiro. Segundo relata, inicialmente se incomodara com "as vozes de aclamações, e tiros da Artilharia das Tropas, do Povo, e da Câmara", porém, sentiu-se consolado quando ouviu "por todos e constantemente os gritos e votos de Amor ao Nosso Bom Soberano, de adesão inabalável da união do Brasil a Portugal, para formarem eternamente uma só e a mesma Nação, de uma só Constituição, da mesma Sacrossanta

---

1 Apud TAVARES. *O pronunciamento de fevereiro 10, 1821, na Bahia*, p. 60.

2 Tavares refere-se ao tenente coronel Carlos Damasceno Rosado como testemunha de uma declaração de Freitas Guimarães ao dizer que se levantou em armas no dia 10 de fevereiro "para fazer a República". Op. Cit., p. 60. Curioso é que, em ambos os documentos, consta a assinatura do tenente-coronel Manuel Pedro de Freitas Guimarães, tido como o principal líder militar do movimento. Vale lembrar que Freitas Guimarães havia sido um dos repressores da Revolução pernambucana de 1817 e membro da junta militar que condenou o padre Roma ao fuzilamento. Cf. SOUSA. *Bahia: de capitania a província.*

Religião, do mesmo Nosso Amado Soberano, sucedido sempre pela Sua Augusta Dinastia!".[3]

As divergências políticas e ideológicas internas ganhariam contornos mais nítidos à medida que os problemas políticos se avolumavam. O próprio Luís Paulino seria um dos grandes protagonistas no cenário de agitações nos meses seguintes.[4] No início de fevereiro de 1822, uma nova junta governativa foi eleita, confirmando o nome de Manuel Pedro de Freitas Guimarães no comando das armas. A nova composição da junta tinha apenas um português europeu e a presidência ficou a cargo do poderoso Francisco Vicente Viana, dono de uma das maiores fortunas da Bahia. Um documento enviado às Cortes e assinado por 1.052 pessoas denunciava o processo eleitoral e afirmava que a eleição de um único lusitano se dera por conta da pressão feita por *facciosos partidários do sistema republicano*.[5] O clima de tensão, que já era preocupante, se agravou ainda mais com a determinação das Cortes, em 15 de fevereiro de 1822, para que o comando das armas fosse entregue ao brigadeiro português Inácio Luís Madeira de Melo. Era uma clara investida contra a permanência de Freitas Guimarães, baiano de nascimento, como maior auto-

3 *Biblioteca Nacional*/Seção de Manuscritos, Rio de Janeiro. Disponível em https://bdlb.bn.gov.br/acervo/handle/20.500.12156.3/434229._(Acesso em 10 Setembro 2021).

4 Assim como Freitas Guimarães, Luís Paulino também havia integrado a Junta militar em 1817. Eleito como deputado às Cortes lisboetas, em 1822 se envolveu em uma discussão calorosa com Cipriano Barata quando este teria lhe empurrado das escadarias da assembleia.

5 "Recurso e adendo ao mesmo que as soberanas Cortes de Portugal dirigem mil e cinqüenta e dois constitucionais da notável, e sempre fiel cidade da Bahia, por seu emissário o cidadão Francisco Mendes da Silva Figueiró". *RIGHBa*, 58, 1932, p. 295-317.

ridade militar na província. A partir de então, as divisões que estavam no âmbito das falas passou para as vias de fato com o registro de confrontos violentos entre os partidários de um e de outro comandante. Ao que consta, cerca de 200 a 300 pessoas morreram nos conflitos pelas ruas de Salvador e muitos outros fugiram para o Recôncavo baiano, uma prática que se repetiria nos meses seguintes. Estes confrontos demarcaram a extensão das divergências que envolviam, sobretudo, os ocupantes dos cargos militares, a rigor, exercidos exclusivamente por portugueses europeus. Demarcaram, também, a primeira fase da guerra na qual a cidade de Salvador passou a ser controlada pelas tropas sob o comando do general Madeira de Melo, enquanto parte da população citadina, a que possuía condições para tal, se refugiou nas ilhas do Recôncavo baiano.

O historiador Luís Henrique Dias Tavares já havia observado que a Independência na Bahia, longe de se constituir como uma luta desenfreada entre *brasileiros* e portugueses, significou a expressão de perspectivas políticas distintas e que, no calor da guerra, se manifestaram de maneira mais contundente.[6] Estas diferenças ficaram mais evidentes na composição do grupo de deputados eleitos para as Cortes portuguesas, em setembro de 1821, bem como durante os debates para a elaboração da constituição regeneradora e mesmo depois.[7] Estariam presentes tam-

6 O tema sobre a formação do Estado e da Nação brasileiros avançou consideravelmente nas últimas décadas colocando em xeque análises que desprezaram a sua complexidade. Para uma abordagem pioneira nesse sentido, ver. JANCSÓ, István; PIMENTA, João Paulo G. *Peças de um mosaico* (ou apontamentos para o estudo da emergência da identidade nacional brasileira).

7 BERBEL. *A Nação como artefato*. Deputados do Brasil nas Cortes portuguesas, 1821-1822; WISIAK. *A 'Nação partida ao meio'*: tendências polí-

bém no protesto promovido por alguns militares e paisanos, em novembro daquele ano, acusados de tentarem depor a primeira Junta Provisória que, segundo eles, colaborava com as Cortes para aprovação de medidas contrárias aos interesses locais.

Reunidos no Recôncavo, os senhores de engenhos, militares e civis decidiram pela aproximação com d. Pedro que, àquela altura, já acenava com algumas oportunidades para a classe dominante local diante das medidas aprovadas pelas Cortes que geravam grande insatisfação. Contribuiu para a aceitação do príncipe regente, uma consulta feita pelos deputados baianos que se encontravam nas Cortes lisboetas aos habitantes da província sobre a conveniência de se instalar um centro de poder no Brasil. Na resposta do Senado da Câmara da vila de Santo Amaro, localizada no Recôncavo, em 14 de junho de 1822, "em que foram convocadas todas as pessoas zelosas e instruídas da Causa Constitucional", foi dito que os conselhistas concordaram, por unanimidade, pela existência de um centro de poder executivo no Brasil exercido pelo Príncipe Real de acordo as regras de uma constituição liberal, com a sede estabelecida no lugar mais apropriado para a administração do Reino.[8]

A partir de então, os acontecimentos se precipitaram. Em 25 de junho, os habitantes da vila de Cachoeira aclamaram o príncipe regente. Foi nesse dia que ocorreram os primeiros ataques ofensivos por parte da tropa portuguesa, alvejando o soldado tambor João Soledade e marcando o início inconteste da guerra. O aumento das tensões exigia medidas organizativas mais contundentes. É nesse sentido que, em 21 de agosto, as autoridades

ticas na Bahia na crise do Império luso-brasileiro; RIBEIRO. *Entre adesões e rupturas*: projetos e identidades políticas na Bahia (1808-1824).

8 AMORIM. *A ata de Santo Amaro e a revolução Constitucionalista*.

e senhores de engenho das vilas do Recôncavo se articulam para a criação de um "centro comum de autoridade" que comungasse as ações de toda a província em nome do herdeiro dos Bragança. Esta decisão, sem dúvidas, constitui um marco fundamental para a afirmação de posições e, em decorrência, a intensificação das mobilizações não apenas nas áreas centrais envolvidas mais diretamente nos confrontos – Salvador e o Recôncavo – mas também em toda a província. Por meio de documentação coeva, é possível uma aproximação aos dilemas do período.

De fato, variados registros foram produzidos dando conta das condições militares, políticas e econômicas da província, dos quais emerge um quadro de muitas tensões e incertezas para o encaminhamento da crise. No que se refere ao desenrolar da guerra, sabe-se que entre junho de 1822 e julho de 1823, o conflito foi marcado por diferentes fases, uma inicial de organização e manutenção das posições e outra de incorporação de voluntários vindos de outras províncias, além do Batalhão do Imperador, comandado pelo mercenário francês Pedro Labatut, que imprimiria formas de treinamento e disciplina mais rígidas. Enviado do Rio de Janeiro para auxiliar as tropas baianas, o batalhão do Imperador teve suas fileiras ampliadas com a incorporação de milhares de voluntários, soldados negros escravizados, libertos, brancos pobres, despreparados e desprovidos dos recursos necessários para o conflito militar. Até o final do conflito, foram poucas batalhas de confronto direto predominando mais a tática da defensiva.[9]

Nesse cenário, uma das questões que chama a atenção é a precariedade do Exército Pacificador que esteve longe de se

---

9 TAVARES. *Independência do Brasil na Bahia.*

constituir em uma força militar honrosa. É este um dos temas abordados por Sérgio Guerra Filho em sua pesquisa. Ao discutir os inúmeros problemas que envolveram a força militar – doenças, deserções, atraso de soldo, insubordinações – ele afirma que essas demandas eram objeto de maior preocupação por parte do comando do exército do que propriamente as baixas decorrentes do conflito.[10] O historiador observa, ainda, que durante muito tempo, até pelo menos a metade do século XX, prevalecia uma visão bastante ufanista sobre a guerra de Independência na Bahia, cuja interpretação, em larga medida vigente até os dias atuais, contrapunha os aguerridos baianos, vistos de maneira hegemônica, aos usurpadores portugueses que pretendiam recolonizar o Brasil. Todavia, o que se vê ao analisar os documentos sobre as condições do exército para o enfrentamento das forças adversárias é um volume de queixas denunciando a falta de fardamento, calçados, suprimentos, remédios e muitas deserções. Numa carta enviada ao presidente e deputados do Conselho Interino, em 27 de outubro de 1822, o comandante das tropas sediadas na vila de São Francisco do Conde relata as condições deploráveis em que se encontravam os soldados da sua guarnição, "quase nua, e descalça toda", prestes a se juntar ao exército comandado pelo general francês Pedro Labatut. Em razão disso,

> Cumpre-me requerer a Vv. Exas. hajam de dar providências, a que dessa Vila, por não haver nesta, nem na de Sto. Amaro, porção suficiente de couros e solas e panos de qualquer qualidade ou cor que houver, se remeta com a maior brevidade

10 GUERRA FILHO. *O povo e a guerra*. Participação das camadas populares nas lutas pela Independência da Bahia.

> possível; para que não aconteça, que na ocasião de se reunirem ao Exército, se apresentem estas praças mais com visos de mendigos, que de defensores da Pátria.
>
> Por esta ocasião tenho de participar V.v. Exas. que tenho substado em alistar algumas pessoas que se tem vindo oferecer, tanto por não ter ordem de Vv. Exas. para o fazer, como porque não tenho armamento para todas as Praças aqui existentes; que não sei como deverão marchar homens desarmados, que se não podem considerar soldados.[11]

Reclamações semelhantes abundam nos documentos relativos às questões militares entre os anos de 1822-1823. Conforme os estudiosos apontam, as dificuldades enfrentadas pelas autoridades para a organização das tropas militares na Bahia não eram recentes, mas nesse novo contexto, foram redimensionadas.[12] Ademais, para além da precariedade no âmbito militar, outras questões demandaram atenção redobrada.

A guerra intensifica outros conflitos (ou os inimigos internos)

Como uma zona de povoamento antigo, a Bahia constituiu uma ampla e complexa rede econômica, sustentada no

---

11 *Biblioteca Nacional*. Documentos relativos aos acontecimentos da Província da Bahia, de 1822. Disponível em: http://objdigital.bn.br/objdigital2/acervo_digital/div_manuscritos/mssp0000492/mssp0000492.pdf (Acesso em 25 Novembro 2021)

12 KRAAY. *Rate and Armed Forces in Independence-era Brazil*. Bahia, 1790s- 1840s; GUERRA FILHO. *O povo e a guerra*. Participação das camadas populares nas lutas pela Independência da Bahia.

trabalho escravizado de indígenas e africanos desde o período colonial e que tinha na capital, Salvador, o seu movimentado centro político-administrativo. O governo português, há muito empenhado na organização eficiente da exploração ultramarina, expandiu os mecanismos de reprodução econômica da capitania com a incorporação paulatina das áreas sertanejas e das antigas capitanias de Ilhéus e de Porto Seguro. Por essa razão, além do açúcar e do tabaco, diversos outros produtos integravam a pauta de exportação da capitania, além de uma intensa circulação de mercadorias para o consumo interno.[13] Desse modo, as diversas tentativas de devassamento, controle e ordenamento informam sobre um plano de apropriação e efetiva dominação de populações e territórios, sobretudo na segunda metade do século XVIII, aprofundadas nas primeiras décadas do Oitocentos após a instalação da Coroa portuguesa na América.

Neste cenário, a extrema desigualdade de condições econômicas era um dado não apenas irrefutável, mas visível aos olhos. A Bahia ostentava um grau de concentração de riqueza que contrastava com a pobreza extrema de boa parte da sua população. Como já foi apontado, os senhores de engenho e os negociantes, de um lado, e os escravizados de outro, ocupavam as pontas opostas dessa pirâmide social e os problemas decorrentes desse sistema estarão sempre presentes nos conflitos verificados na capitania e posterior província da Bahia. Todavia, a despeito de terem protagonizado revoltas e manifestações de rebeldia, os escravizados não foram os únicos a tirar o sossego das autoridades.

13 SCHWARTZ. *Segredos internos:* engenhos e escravos na sociedade colonial; BARICKMAN. *Um contraponto baiano.* Açúcar, fumo, mandioca e escravidão no Recôncavo, 1780-1860.

Por meio da correspondência entre as autoridades das vilas interioranas e os governadores da Bahia, não é difícil perceber que uma das queixas recorrentes, era a crescente insatisfação dos moradores com os ataques promovidos por grupos ou indivíduos errantes.[14] Um problema que não era novo. Luís dos Santos Vilhena demonstrou enorme preocupação com esse contingente ocioso que vagava pelos sertões da capitania e pelos centros urbanos. Seus escritos, em fins do século XVIII, apontavam os prejuízos que os "vadios" poderiam causar ao equilíbrio colonial.[15] Por essa época, em uma correspondência de 1796, os vereadores e o procurador do Senado da Câmara de Salvador escrevem:

> Atestamos em como o número de miseráveis, e enfermos, que se acham pelas ruas da Cidade e portas das Igrejas é maior [...], assim como também a imensidade de meninos órfãos, e indigentes que vagam pelas mesmas ruas, a mendigarem sem educação alguma, sendo todos dignos da Real Atenção e Comiseração de Sua Magestade para que se estabeleça um hospital público, para aqueles desvalidos, e um Seminário para a ilustração destes inocentes.

Anexo ao ofício, consta um abaixo-assinado de moradores da cidade de Salvador reforçando o pedido do Senado "tendo em vista as públicas necessidades e quase inevitáveis desordens

---

14 SOUSA. *A Conquista do sertão da Ressaca*. Povoamento e posse da terra no interior da Bahia; SANCHES. *Os livres pobres sem patrão nas Minas do Rio das. Contas/Ba* – Século XIX (1830-1870).

15 VILHENA. *A Bahia no século XVIII*.

que há nela".[16] Poucos anos depois, em passagem pela Bahia, o viajante inglês Thomas Lindley registrava que a mendicidade era um dado incontornável na capitania: "Quer a cidade, quer o campo, vivem infestados de mendigos, num quadro de miséria real ou fingida que se oferece a cada instante".[17] Nesse período, a mendicância era vista como algo tolerável dentro da sociedade, percepção que vai ser modificada ao longo do século XIX em razão das mudanças econômicas e de uma nova concepção de trabalho numa fase de ascensão do capitalismo na Europa Ocidental e de crise do escravismo no Brasil. Essa é uma das questões abordadas por Walter Fraga Filho em seu estudo sobre a mendicância em Salvador. O autor mostra como a presença de mendicantes, vadios e moleques era corriqueira nas ruas da capital, contrastando com a imagem de uma cidade que se pretendia civilizada e conclui que "a repressão à vadiagem e à mendicância era, na verdade, parte de uma estratégia mais ampla de controlar as camadas livres pobres que viviam no campo e nos centros urbanos".[18] Seja na cidade, seja nos sertões, as imensas dificuldades para romper as amarras de um sistema perverso não deixavam escolhas para quem vivesse no mundo da pobreza, muitos dos quais libertos e indígenas.

Tidos por perniciosos aos interesses do Estado, o enquadramento desses indivíduos – escravizados, indígenas, descendentes de portugueses empobrecidos – os homens pobres livres constituíam em problema essencial nos projetos de reordena-

16 *Biblioteca Digital Luso-Brasileira*. Disponível em: https://bdlb.bn.gov.br/acervo/handle/20.500.12156.3/430267. (Acesso em 20 Setembro 2021).

17 LINDLEY. *Narrativa de uma viagem ao Brasil.*

18 FRAGA FILHO. *Mendigos, Moleques e Vadios na Bahia do Século XIX*, p. 180.

mento.[19] E isto certamente será objeto de atenção redobrada no decorrer da guerra de Independência. Mas, até que ponto as classes subalternas reuniriam condições para aproveitar as brechas de intervenção possibilitadas pela crise política? Apesar da sua relevância, o tema recebeu pouca atenção dos estudiosos. Uma das dificuldades talvez seja o fato de que boa parte das informações que se dispõe sobre as formas de mobilização desse segmento social, até o momento, tenham sido produzidas pelas autoridades no calor de tomada das decisões. Por meio delas, é possível antever que havia um receio ou um temor do alargamento da participação de indivíduos de menor condição ou com pretensões políticas consideradas radicais.[20]

Esta preocupação também pode ser percebida nas páginas dos periódicos liberais que se viam como instrumentos pedagógicos para educar uma população carente de qualquer noção sobre constitucionalismo e representação política. Numa matéria divulgada em novembro de 1821, ao condenar a ação de alguns rebeldes que pretendiam depor a Junta provisória em Salvador, a gazeta *Idade d'Ouro do Brazil* esclarecia que, apesar das mudanças na concepção de soberania e de nação trazidos pelos novos tempos, era preciso entender que a participação dos indivíduos na tomada de decisões políticas tinha limites que precisavam ser respeitados.

---

19 FRANCO. *Homens livres na ordem escravocrata*; CHRISTILLINO. *O homem livre e pobre no Brasil Oitocentista.*

20 REIS. "O jogo duro do dois de julho: O 'Partido Negro' na Independência da Bahia"; KRAAY. *Rate and Armed Forces in Independence-era Brazil.* Bahia, 1790s- 1840s e *Muralhas da independência e liberdade do Brasil*: a participação popular nas lutas políticas (Bahia, 1820-1825); GUERRA FILHO. *O povo e a guerra.* Participação das camadas populares nas lutas pela Independência da Bahia.

> A persuasão em que estão alguns de que o povo pode depor o governo não só tem por princípio a malícia dos revolucionários, como também a ignorância daqueles, que não tem estudado estas matérias. Quando nas Bases da Constituição se diz, que a soberania reside essencialmente em a nação, não se quer dizer, que o povo inteiro de uma província é soberano, mas sim os povos de todas as províncias, que formam a nação, aliás teríamos tantas soberanias quantas Províncias, o que seria ridículo absurdo, e desgraçada anarquia. O povo pois de uma Província quando se sente mal com o seu governo, ou com qualquer empregado público, deve recorrer ao Congresso Nacional, aonde reside formalmente a soberania da nação. A nação tem o poder na essência, e não na forma. A forma de desenvolvimento do poder é aquela, que foi prescrita no método das eleições; e o povo de cada Província perdeu a forma da sua representação desde que elegeu compromissários, ficando-lhe só a essência do poder para o tornar a desenvolver nas eleições seguintes. O povo de uma Província não só não pode depor um governo, como nenhum ministro, ou outro qualquer empregado. O povo pode eleger deputados pela forma, que a Constituição determina, e quando se publicar nossa futura Constituição terá também o povo o poder de eleger os membros do Governo Provincial, mas isto não há de ser como o povo quiser, há de ser como a Constituição ordenar.[21]

---

21 Apud SILVA. *Movimento constitucional e separatismo no Brasil* (1821-1822), p. 42-43.

Como se vê, o jornal sintetizou bem o que o novo ideário liberal propunha e que, naquelas primeiras décadas do século XIX, se espraiava pelo mundo Ocidental como uma das maiores conquistas da burguesia ascendente. As decisões políticas deveriam ser tomadas por aqueles que possuíam as condições e capacidades para fazê-las. Aos demais, caberia o cumprimento das medidas. Difícil era convencer os despossuídos de que deveriam controlar os seus ímpetos, ainda mais quando a conjuntura política e econômica apresentava sérias dificuldades e as autoridades não conseguiam se articular para a sua superação. Não à toa, o general português Madeira de Melo, mais de uma vez, alertou as lideranças da capital e do Recôncavo para os perigos que a situação política evidenciava, sobretudo, quando se considerava as divergências entre as autoridades constituídas. Mesmo que sua avaliação possa transparecer certo exagero como um recurso de retórica para refrear as intenções dos seus adversários, parece provável que estava ciente quanto ao grau de mobilização dos habitantes da província desde a adesão da Bahia ao constitucionalismo. Em uma das suas correspondências, em 10 de junho de 1822, dirigida à Junta Provisional de Salvador e na qual criticava a atuação do Senado da Câmara, ele destacou as condições instáveis em que se encontrava a Bahia, recomendando maior cautela, sobretudo, naquelas circunstâncias, "em que o povo tem sido levado a um alto grau de efervescência, é perigoso tudo que tende a pô-lo em agitação, e quantas providências se devem para contê-lo nos seus devidos limites não são demasiadas".[22]

22 *Correspondência do general Madeira de Melo à Junta Provisional de Governo*, em 10 de junho de 1822. Apud MORAES. *História do Brasil-Reino e do Brasil Império*. São Paulo: Edusp, 1982, t. II, p. 115.

Experiente e conhecedor da Bahia, o general devia saber o que estava falando.

Outra questão importante era o fato de as lideranças políticas demonstrarem estar atentas à possibilidade desse alargamento do espaço público atingir a ordem societária escravista, agravando ainda mais a situação da província. Isso fica evidenciado em diversos documentos produzidos tanto pelo Conselho Interino de Governo, em Cachoeira, sobretudo em razão das profundas divergências com o general Pedro Labatut, mercenário contratado por d. Pedro para organizar o Exército Pacificador, quanto pela Junta Provisional e pelo comandante de armas Madeira de Melo. O primeiro repudiava a iniciativa do general francês em criar tropas de libertos e de escravizados para auxiliar no combate às tropas portuguesas ocupantes da capital quando ainda havia homens livres que poderiam ser recrutados. Afinal, era conveniente não conceder armas às classes de cor naquelas circunstâncias não apenas porque possuíam razões suficientes para se rebelar, "e tanto mais quanto sendo estas classes as que menos têm [a] perder, e menos laços têm sociais, são as mais aptas para sustentarem empresas arrojadas e tresloucadas, mais subversivas".[23]

As divergências entre o Conselho interino e o general francês resultaram no seu desligamento do comando do Exército sob pesadas críticas dos senhores de engenho quanto à sua atuação. Numa das suas ações mais autoritárias, consta a execução sumária de 51 escravizados que se encontravam aquilombados, conforme um trecho de um ofício enviado por ele ao Conselho Interino em 22 de Novembro de 1822:

23 Correspondência do Conselho Interino de Governo. *RIGHBa*, ano IV, v. 4, n. 14, 1897, p. 563.

> Participo a Vv. Exas. que ontem me foram mandados 51 pretos, tomados com armas nas mãos, que o infernal Madeira mandou marchar contra nós e se achavam aquilombados nas imediações de Pirajá, Saboeiro, Mata Escura, com 20 pretas, vindo facas do mato, grande número de flechas, bandeiras. E eu como havia prometido na minha ordem do dia de doze do corrente, os mandei hoje executar, e surrar as pretas, a fim de por este meio obstar que os outros pretos se vão alistar debaixo das bandeiras daquele salteador; aliás, o Brasil sentiria longos atrasadores obstáculos na sua marcha majestosa. O cruel Direito da Guerra que traz consigo a represália, assim o exige, e até mesmo porque de outro modo os Europeus armariam os seus escravos e com estas hordes unidas aos nossos inimigos lusitanos, poderiam sustentar uma longa guerra.[24]

Ao mexer com a propriedade dos senhores, o general desagradaria a muitos. Por outro lado, em uma província com um número expressivo de escravizados não deixava de ser assustador que pudessem ser armados para combater na guerra como feito por Labatut. Parece claro que "a guerra desordenou profundamente a ordem social dessa sociedade escravista", como destacou Hendrik Kraay.[25] E, certamente, outras contradições viriam

---

24 *Biblioteca Nacional*. Documentos relativos aos acontecimentos da Província da Bahia, de 1822. Disponível em: http://objdigital.bn.br/objdigital2/acervo_digital/div_manuscritos/mssp0000492/mssp0000492.pdf (Acesso em 25 Novembro 2021).

25 KRAAY. *Em outra coisa não falavam os pardos, cabras e crioulos*: o "recrutamento" de escravos na guerra de independência no Brasil, 1822-1823, p. 110.

à tona. É o que aponta Sérgio Guerra Filho ao discutir o grau de participação popular durante a guerra de Independência, seja nas fileiras do exército, foco permanente de tensões por sua composição, seja fora da corporação por meio de manifestações variadas que, naquela conjuntura, apareciam como temerosas. O autor chama a atenção para a permanente vigilância dos soldados mantida pelos comandantes do exército. Afinal, a sua composição – homens pobres livres, libertos e alguns escravizados – exigia um maior rigor para ser controlada.

Com efeito, vários registros foram feitos pelas autoridades sobre a movimentação dos habitantes da província. Movidos por razões diversas, homens e mulheres buscavam se inserir de algum modo naquela conjuntura. Mesmo que se considere o limite dessas intervenções, parece evidente que determinadas ações surpreenderam as autoridades da capital e do Recôncavo que precisavam lidar com as demandas imediatas da guerra e, em paralelo, assegurar o controle dos espaços públicos e a disseminação de ideias que pudessem ocasionar movimentos indesejados. Em 13 de março de 1823, por exemplo, o Conselho comunicou ao ouvidor interino de Jacobina para que os nomes e opiniões públicas dos juízes e vereadores possuidores de má fama fossem apontados criteriosamente advertindo que "as sessões populares não são as próprias para decifrar sobre a conduta de cidadãos sujeitos ao ódio, amizade e a qualquer paixão".[26] Ao referirem-se aos perigos da fermentação política, as autoridades deixavam explícito que a dilatação do espaço público não deveria ser menosprezada.

26 *Correspondência do Conselho Interino de Governo ao ouvidor interino da comarca de Jacobina.* APEB. Seção de Arquivo Colonial e Provincial. Registro de Correspondência Expedida. Maço: 1620 (1823).

Além disso, é preciso lembrar que para além das condições propícias vivenciadas naqueles anos, a Bahia possuía uma tradição de rebeldia, no dizer do historiador Ubiratan Castro de Araújo.[27] Isso significa que as condições materiais de extrema desigualdade econômica e de exploração propiciavam um terreno fértil para insatisfações de variada natureza. Vale ressaltar que, mesmo com a punição exemplar desferida pelo Estado português contra as principais lideranças de 1798, quando artesãos e escravizados ousaram questionar a estrutura econômica e social da capitania, ou das revoltas protagonizadas por escravizados, ou mesmo o controle rígido sobre a circulação de homens e ideias tidas por subversivas, é necessário pontuar duas questões importantes, mas ainda pouco assinaladas: por um lado, o grau de tensão social vivenciado pela província que demandava rígido controle por parte das autoridades num conturbado contexto de mudanças revolucionárias; por outro, os variados caminhos percorridos por uma parcela da população que possibilitaram algum tipo de aprendizado, não obstante a persistência das condições desfavoráveis para a elaboração e prática de alternativas políticas distintas.

Configuração política em tempos de guerra

O agravamento da crise na Bahia e a indefinição quanto a sua superação resultou em uma nova configuração dos espaços de decisão política na província. Com a adesão ao constitucionalismo em 10 de fevereiro de 1821, a junta de governo passou a responder às Cortes e ao Rio de Janeiro sobre os acontecimentos na província. O Senado da Câmara de Salvador, até então o prin-

27 ARAÚJO. *A política dos homens de cor no tempo da Independência.*

cipal órgão de decisão político-administrativo, não foi extinto, mas perdeu importância frente à Junta. Em alguns momentos, inclusive, divergindo das decisões tomadas por aquela. A formação de um Conselho Interino de Governo em Cachoeira, em 21 de agosto de 1822 e sua efetiva instalação no dia 6 de setembro, modificou de maneira significativa as relações entre a província e os poderes centrais. Além disso, alterou a dinâmica política interna uma vez que passou a aglutinar as vilas interioranas contra as tropas portuguesas e, a esta altura, em defesa do projeto político capitaneado por d. Pedro I.

Este novo cenário político apresenta alguns indícios importantes. Primeiro, que as lideranças sediadas no Recôncavo já deviam reconhecer as dificuldades para confrontar o general Madeira de Melo e suas tropas sem uma articulação que envolvesse toda a província. Ao que parece, os comerciantes portugueses de Salvador forneciam ajuda financeira e mantimentos ao general, além do contato deste com grandes proprietários.[28] Naquelas circunstâncias, a aliança com o herdeiro da dinastia bragantina ampliou, de maneira considerável, a capacidade de resistência do governo de Cachoeira em detrimento dos apoiadores das decisões das Cortes de Lisboa. Segundo, o estabelecimento de um governo geral expunha as divergências entre as lideranças não somente da capital e das vilas no Recôncavo, mas também com outras situadas no interior, o que denota a dimensão da dinâmica política com o afloramento de posições antes represadas.

Mesmo com a criação dos novos centros de poder, os Senados das Câmaras não ficaram alheios à movimentação política. Pelo contrário, no caso da Bahia, o Conselho Interino de

28 TAVARES. *Independência do Brasil na Bahia.*

Governo de Cachoeira funcionava como uma coordenação das decisões das Câmaras do Recôncavo. Do mesmo modo, nos lugares distanciados das sedes dos governos provisórios, a intensificação da atividade política pode ser dimensionada pela mobilização da população local junto aos órgãos camarários de diversas vilas. Curioso é que, em alguns lugares, os residentes não apenas dilataram a sua participação nessas instituições, como também decidiram instalar suas próprias Juntas de Governo apontando para uma forma de organização política mais condizente com as alterações do período. Na vila de Rio de Contas, por exemplo, no Alto Sertão da Bahia, em 14 de agosto de 1822, depois da manifestação de mais de "quinhentos homens armados", decidiu-se pela aclamação de d. Pedro como príncipe regente e a instalação de uma Junta Temporária. Embora os seus membros informassem ao Conselho Interino, dois meses depois, que reconheciam a sua autoridade e desejavam cooperar para restaurar a província, a iniciativa não obteve a aprovação do governo de Cachoeira. Argemiro Ribeiro Souza Filho discute como essa fragmentação do poder, que não ocorreu apenas em Rio de Contas, resultou em fortes divergências com o Conselho Interino que, por diversas vezes, condenou veementemente a "multiplicidade de governos parciais", vista como um empecilho para efetivar a sua centralização.[29]

Para tentar coibir a ação das vilas sertanejas, o Conselho recorreu a d. Pedro, por intermédio de seu ministro José Bonifácio de Andrada e Silva, para que chamasse "à ordem as vilas do Rio de Contas e Caetité que fazem economia separa-

---

29 SOUZA FILHO. *A guerra de Independência na Bahia*: manifestações políticas e violência na formação do Estado Nacional (Rio de Contas e Caetité).

da da família provincial e se têm subtraído a autoridade deste Conselho Interino conservando seus governos", além de reconhecer que outras vilas organizaram governos semelhantes. Como observa o autor, àquela altura, o governo provisório de Cachoeira não apenas teria que se confrontar com as decisões da Junta Provisional de Salvador, em meio a uma guerra civil, como também lidar com a autonomia política reivindicada por alguns núcleos interioranos.[30] A despeito das medidas reguladoras do Conselho, os conflitos internos nessas vilas, particularmente, revelaram uma complexa situação de instabilidade política de difícil controle por parte das autoridades mesmo após o fim do conflito militar. Diversos episódios de perseguição e morte aos portugueses foram registrados no decorrer e após a guerra.

Outros acontecimentos exemplificam a dinâmica política do período. Em 25 de dezembro de 1822, os membros do Conselho Interino foram informados que os moradores da freguesia de Santa Cruz, vinculada à vila de Porto Seguro, no Sul da Bahia, ao aclamarem d. Pedro como imperador, decidiram também elevar a localidade à categoria de vila. Alguns meses depois, o Conselho cumprimentou-os pela decisão recomendando, entretanto, que deveriam esperar a deliberação do imperante "sem o que não se pode essa freguesia se considerar vila, nem ser válida a nomeação que fizeram de capitão-mor, pois que não é livre aos povos dar-se títulos".[31] Um governo provisório

30 SOUZA FILHO. *A guerra de Independência na Bahia*: manifestações políticas e violência na formação do Estado Nacional (Rio de Contas e Caetité), p. 94

31 *Registro dos Ofícios Expedidos pelo Conselho Interino de Governo da Província da Bahia*. APEB. Seção de Arquivo Colonial e Provincial. Maço: 632-1 (1823).

foi formado na vila do Prado, na mesma região, em 17 de novembro do mesmo ano. Ao comunicarem o fato para o governo central da província, os membros prestaram informações sobre a vila, as condições de armamento, localização, ressaltando que além das instruções, seria necessário auxílio do Rio de Janeiro e "até algum oficial de patente maior e que este fosse brasileiro porque os da Capitania do Espírito Santo são Europeus, posto que, parecem interessados na nossa Independência, porém até hoje ainda não tivemos resposta".[32] Em 26 de fevereiro do ano seguinte, o Senado da Câmara da vila de Alcobaça, também no sul da província, comunicou ao Conselho que, havendo a necessidade de criar um "governo legítimo para cuidar dos negócios da guerra em defesa da Santa Causa do Brasil", a dita Câmara e o povo da vila decidiram pela criação de uma Junta de Comissão Militar. A vila do Prado tomou a mesma decisão e, no dia 6 do mês seguinte, enviou ofício ao Conselho que se encontrava no aguardo de orientações para a defesa da causa "apesar de ser esta vila muito pobre e sem instruções".[33] Estes registros sinalizam a efervescência do ambiente político notadamente quando se observa os acontecimentos no Rio de Janeiro, nas Cortes lisboetas e o desenrolar do conflito entre o Exército Pacificador e as tropas portuguesas. É essa mobilização, que se espraiava pela província, que mantinha as classes proprietárias em alerta. No relató-

---

32 *Documentos relativos à Independência da Bahia*, Cachoeira, São Francisco de 1822. Disponível: http://objdigital.bn.br/objdigital2/acervo_digital/div_manuscritos/mssp0000492/mssp0000492.pdf. (Acesso em 25 Novembro 2021).

33 *Documentos relativos à Ind*ependência da Bahia, Cachoeira, São Francisco de 1822. Disponível: http://objdigital.bn.br/objdigital2/acervo_digital/div_manuscritos/mssp0000492/mssp0000492.pdf. (Acesso em 25 Novembro 2021).

rio elaborado por Miguel Calmon Du Pin e Almeida e enviado ao Imperador em julho de 1823, no qual presta contas sobre as ações do Conselho Interino de governo realçando o "esforço patriótico" dos seus membros para libertar a cidade capital, o futuro marquês de Abrantes que teria uma carreira longa como deputado e ministro do Império, reconhece as dificuldades para selar a unidade dos patriotas em proveito da mesma causa. Isso porque, segundo ele, "cada vila cuidava em si, e a consideração de si fez nascer o egoísmo entre elas", além da insubordinação dentro das tropas militares.[34]

A convocação de uma assembleia constituinte e a aclamação de d. Pedro como primeiro Imperador constitucional do Brasil tiveram grande importância na tomada de posição das câmaras, assinalando um novo pacto político.[35] Nesse sentido, a senhora de engenho Maria Bárbara, esposa de Luís Paulino, certamente tinha razão ao dizer que: "Asseguro-te que, se o príncipe tem partido, o Brasil estava a esta hora em perfeitíssima anarquia. Teriam corrido rios de sangue e nisto nada ganhava o pobre Brasil e muito perdia o bom Portugal".[36] Mesmo que se considere algum exagero em sua fala, não deixa de ser sintomático que, mais uma vez, a presença do monarca no Rio de Janeiro serviu como um instrumento poderoso para solidificar as alianças com as classes proprietárias e suas frações. Com o cerco militar a Salvador e a retirada das tropas portuguesas para Lisboa, em 2 de julho de 1823, o Exército Pacificador entrou numa ca-

34 DU PIN E ALMEIDA. *Relatório dos Trabalhos do Conselho Interino de Governo da Província da Bahia*, p. 3.

35 SOUZA. *Pátria coroada:* o Brasil como corpo político autônomo, 1780-1831.

36 FRANÇA. *Cartas baianas*, 1821-1824.

pital destruída, selando a incorporação da província baiana ao Império do Brasil.[37] Os anos seguintes, contudo, manifestariam a fragilidade dessa adesão.

Considerações finais

Portadores de posições políticas variadas, a adesão da Bahia ao constitucionalismo português e a guerra daí decorrente, permitiram a manifestação de insatisfações coletivas e individuais que transformaram a província naqueles primeiros anos de 1820. Embora com possibilidades de intervenção diferenciadas, é possível apontar, no decorrer dos conflitos, posições distintas sobre a concepção de nação e o lugar a ser ocupado pelas diferentes partes do Reino Unido do Brasil com destaque para a autonomia das províncias. O direcionamento das articulações pelas classes dirigentes teria que levar em conta a presença expressiva de escravizados e de indivíduos pobres livres que, naquela conjuntura, forcejavam a sua participação política. É difícil apreender com clareza os intuitos que os animavam, todavia, não se pode menosprezar que suas manifestações denotavam grande insatisfação pelas condições de miséria e de opressão a que estavam historicamente submetidos. Os registros sobre a agitação social, seja nas fileiras do Exército Pacificador, seja nas diferentes partes da província baiana, assim como as diversas tentativas para manter o controle desses segmentos, não sugere que havia um exagero das autoridades quando alertavam para os perigos da "anarquia". Antes, buscavam formas de controlar

37 SILVA. *Independência ou morte em Salvador*: o cotidiano da capital da Bahia no contexto do processo de Independência brasileiro (1821-1823).

os ímpetos e, ao mesmo tempo, encontrar saída para uma crise cujos desdobramentos os surpreendia cotidianamente.

É possível que as Cortes portuguesas não estivessem totalmente cientes do que ocorria na Bahia, afirma Tavares[38], ou menosprezaram a capacidade de articulação das classes proprietárias. As proclamações desde aquele dia 10 de fevereiro de 1821 enalteciam a figura do monarca e clamavam por uma maior autonomia das províncias no interior da nação que se instituía. Na prática, não foi possível conciliar interesses tão divergentes. O aprofundamento da crise exigiu das classes proprietárias locais a elaboração de alternativas que resguardassem seus interesses. Mas isso não significa dizer que todos se sentiram contemplados na aliança com o autoritário monarca. As divergências não demoraram a vir à tona. O fechamento da assembleia constituinte em 1823 pelo Imperador reabriu feridas que sequer tinham sido cicatrizadas e, mais uma vez, os militares voltaram a ocupar a cena pública evidenciando que os ideais liberais permaneciam vivos.[39]

Embora vitoriosa, a província da Bahia saía da guerra com imensas dificuldades políticas e econômicas que se arrastariam pelos anos seguintes. Para as classes proprietárias, a experiência adquirida durante o conflito militar seria importante no manejo dos instrumentos políticos frente ao recrudescimento dos conflitos internos. Mas elas não foram as únicas a absorver tal aprendizado. Os despossuídos, a despeito de não conseguirem implementar as mudanças pretendidas, continuariam como um estorvo no processo de conformação da nação, talvez mais ainda do que antes, dado o dimensionamento das tensões com a guerra. Mas,

38 TAVARES. *Independência do Brasil na Bahia.*

39 REIS; KRAAY. *O tirano está morto: a revolta dos Periquitos na Bahia.*

certamente, a construção – e efetivação – de um projeto político autônomo permaneceria, e persiste ainda hoje, como um grande desafio.

Referências

AMORIM, Deolino. "A ata de Santo Amaro e a revolução Constitucionalista". *RIGHBa*, n. 79, Bahia, 1955, p. 173-185.

ARAÚJO, Ubiratan Castro de. *A política dos homens de cor no tempo da Independência*, In: DOMINGUES, Carlos Vasconcelos *et al* (Orgs.). *Animai-vos, povo bahiense*! A Conspiração dos Alfaiates. Salvador: Omar G. Editora, 1999, p. 100-113

BARICKMAN, Bert J. *Um contraponto baiano*. Açúcar, fumo, mandioca e escravidão no Recôncavo, 1780-1860. Rio de Janeiro: Civilização Brasileira, 2003

BERBEL, Márcia Regina. *A Nação como artefato*. Deputados do Brasil nas Cortes portuguesas, 1821-1822. São Paulo: Hucitec/ Fapesp, 1999

CHRISTILLINO, Cristiano Luís. "O homem livre e pobre no Brasil Oitocentista". In: OLIVEIRA, T.B. (Org.). *Trabalho e trabalhadores no Nordeste*: análises e perspectivas de pesquisas históricas em Alagoas, Pernambuco e Paraíba [online]. Campina Grande: EDUEPB, 2015, p. 57-84. Disponível em: https://books.scielo.org/id/xvx85/pdf/oliveira- 9788578793333-03.pdf (Acesso em 10 Setembro 2019).

FRAGA FILHO, Walter. *Mendigos, Moleques e Vadios na Bahia do Século XIX*. São Paulo, HUCITEC; Salvador, EDUFBA, 1996

FRANCO, Maria Sylvia de Carvalho. *Homens livres na ordem escravocrata*. São Paulo: Kairós, 1983

GUERRA FILHO, Sérgio A. Diniz. *O povo e a guerra*. Participação das camadas populares nas lutas pela Independência da Bahia.

Salvador: Universidade Federal da Bahia, 2004 (Dissertação de Mestrado)

______. "O povo, a guerra, a liberdade: um programa político popular durante a guerra de Independência na Bahia (1822-1823). *Clio*, Série Nordeste, v. 1, n. 20, p. 57-71, 2004

JANCSÓ, István; PIMENTA, João Paulo G. "Peças de um mosaico (ou apontamentos para o estudo da emergência da identidade nacional brasileira)". In: MOTA, Carlos Guilherme (Org.). *Viagem Incompleta. A experiência brasileira* (1500-2000). Formação: histórias. São Paulo: Senac, 2000, p. 127- 175.

KRAAY, Hendrik. *Rate and Armed Forces in Independence-era Brazil.* Bahia, 1790s- 1840s. Stanford: Stanford University Press, 2001

______. "Muralhas da independência e liberdade do Brasil: a participação popular nas lutas políticas (Bahia, 1820-1825)". In: MALERBA, Jurandir (Org.). *A Independência brasileira*: novas dimensões. Rio de Janeiro: Editora FGV, 2006, p. 303-341

______. "Em outra coisa não falavam os pardos, cabras e crioulos: o ′recrutamento′ de escravos na guerra de independência no Brasil, 1822-1823", *Revista Brasileira de História*, v. 22, 2002, p. 109-126

LINDLEY, Thomas. *Narrativa de uma viagem ao Brasil.* São Paulo: Companhia Editora Nacional, 1969

MORAES, Alexandre José de Mello. *História do Brasil-Reino e do Brasil Império*. Belo Horizonte: Itatiaia; São Paulo: Edusp, 1982, t. II, p. 115-117.

REIS, João José. "O jogo duro do dois de julho: O 'Partido Negro' na Independência da Bahia". In: ______; SILVA, Eduardo. *Negociação e conflito*. A resistência negra no Brasil escravista. São Paulo: Companhia das Letras, 1989

______; KRAAY, Hendrik. "O tirano está morto: a revolta dos Periquitos na Bahia". In: LEAL, M. G.; SOUSA, A. P. (Orgs.). *Capítulos de História da Bahia*: Independência. Salvador: Eduneb, 2017, v. 1, p. 313-358

RIBEIRO, Elisa de Moura. *Entre adesões e rupturas*: projetos e identidades políticas na Bahia (1808-1824). Salvador: Universidade Federal da Bahia, 2012 (Dissertação de Mestrado)

SANCHES, Nanci Patrícia Lima. *Os livres pobres sem patrão nas Minas do Rio das. Contas/Ba* – Século XIX (1830-1870). Salvador: Universidade Federal da Bahia, 2008 (Dissertação de Mestrado)

SCHWARTZ, Stuart. *Segredos internos: engenhos e escravos na sociedade colonial*. São Paulo: Companhia das Letras, 1988

SILVA, Marcelo Renato Siquara. *Independência ou morte em Salvador*: o cotidiano da capital da Bahia no contexto do processo de Independência brasileiro (1821-1823). Salvador: Universidade Federal da Bahia, 2012 (Dissertação de Mestrado)

SILVA, Maria Beatriz Nizza da. *Movimento constitucional e separatismo no Brasil* (1821- 1822). Lisboa: Livros Horizonte, 1988 (Coleção Horizonte Histórico)

SOUSA, Maria Aparecida Silva de. *A conquista do Sertão da Ressaca*. Povoamento e posse da terra no interior da Bahia. Vitória da Conquista: Edições UESB, 2001

______. Bahia: de capitania a província. São Paulo: Universidade de São Paulo, 2008 (Tese de doutorado)

SOUZA, Iara Lis Franco S. C. *Pátria coroada:* o Brasil como corpo político autônomo, 1780-1831. São Paulo: UNESP, 1999

SOUZA FILHO, Argemiro Ribeiro de. *A guerra de Independência na Bahia*: manifestações políticas e violência na formação do Estado Nacional (Rio de Contas e Caetité). Salvador, Universidade Federal da Bahia, 2003 (Dissertação de Mestrado)

TAVARES, L. H. D. *Independência do Brasil na Bahia*. Salvador: EDUFBA, 2005

______. O pronunciamento de fevereiro 10, 1821, na Bahia. *Universitas, [S. l.]*, n. 15/16, p. 55, 2007. Disponível em: https://periodicos.ufba.br/index.php/universitas/article/view/1235. (Acesso em: 5 Fev. 2022)

VILHENA, Luís dos Santos. *A Bahia no século XVIII*. Notas e Comentários de Braz do Amaral. Salvador: Itapuã, 1969

WISIAK, Thomas. *A 'Nação partida ao meio'*: tendências políticas na Bahia na crise do Império luso-brasileiro. São Paulo, Universidade de São Paulo, 2001 (Dissertação de Mestrado)

Sobre a autora

Maria Aparecida Silva de Sousa é professora titular do Departamento de História da UESB. Mestre em História pela UFMG e doutora em História Social pela USP. Autora do livro *A Conquista do Sertão da Ressaca*: povoamento e posse da terra no interior da Bahia (Edições UESB, 2001) e de verbetes no Dicionário da Independência do Brasil. História, Memória e Historiografia (organizado por Cecília Helena de S. OLIVEIRA e João Paulo PIMENTA. Edusp, 2022). Integra o Conselho Editorial da Revista Brasileira de História da Anpuh (Gestão 2021-2023) e é membro do Grupo de Pesquisa Ideologia e Luta de Classes (GEILC), vinculado ao Museu Pedagógico da UESB.

Histórias indígenas e projetos de independência na fronteira platina em tempos revolucionários (década de 1810)

Karina Moreira Ribeiro da Silva e Melo

A região da fronteira platina e a década de 1810 são um espaço e um período bastante convulsionados na história dos movimentos independentistas na América do Sul. Durante certo tempo, os indígenas foram entendidos como sujeitos à parte neste processo inicial de formação dos Estados nacionais ou como entraves aos projetos de independência.[1] Era raro que suas experiências fossem compreendidas mais do que como consequência das crises das monarquias ibéricas na Europa ou apêndice das novas propostas políticas que surgiam nas Américas.[2] O objetivo deste capítulo é contribuir para rever seus papéis no contexto da chamada Era das Revoluções, ao ampliar o recorte espacial para além dos atuais limites territoriais nacionais da Argentina,

1 VARNHAGEN, F. A. *História Geral do Brasil: antes da sua separação e independência de Portugal.* São Paulo: Melhoramentos, 1956 [1854].

2 DOCCA, S. *História do Rio Grande do Sul.* Rio de Janeiro: Edições da Organização Simões, 1954; VELLINHO, M. *Capitania d'El -Rei: Aspectos polêmicos da formação Rio-grandense.* Porto Alegre: Ed. Globo, 1970.

do Brasil e do Uruguai e privilegiar as atuações de personagens geralmente tidas como subalternas em tramas que envolvem a ocupação de espaços de poder. Desdobrado em uma série de disputas e conflitos na região platina, o contexto oferece um mote privilegiado para analisar as participações indígenas na prática de planos militares e nas novas reconfigurações políticas. Além disso, o foco na região fronteiriça auxilia na compreensão de que a independência do Brasil não é um fato isolado e distante dos demais processos independentistas pelos quais passaram outras colônias da América espanhola. Ao contrário, a região platina, assim como outras áreas de fronteira, como a região amazônica e o vale do rio Doce, por exemplo, eram importantes para consolidar o projeto de independentista na ex-colônia da América portuguesa.[3]

Os povos guarani-missioneiros foram estabelecidos em um território que hoje abrange parte da Argentina, Brasil, Paraguai e Uruguai. Eles foram divididos em aldeias e fazendas chamadas 30 Pueblos de Misiones, administradas por índios e jesuítas desde o século XVII. Durante muito tempo esta área fronteiriça foi disputada entre jesuítas, as Coroas ibéricas e os indígenas. Ao longo da segunda metade do século XVIII, as monarquias ibéricas atravessaram crises econômicas e políticas tão fortes, que o começo do XIX foi marcado pelo ápice do processo que levou aos movimentos pela emancipação das colô-

3 OLIVEIRA, J. P. *Narrativas e imagens sobre povos indígenas e a Amazônia: Uma perspectiva processual da fronteira*. Indiana. Dossier: Identidades volitivas: antropologia sudamericana da Amazônia, v. 27, 2010. LANGFUR, H. *The forbidden lands: colonial identity, frontier violence, and the persistence of Brazil's Eastern Indians, 1750-1830*. Stanford: Stanford University Press, 2006.

nias nas Américas. Na região platina, onde as disputas territoriais entre as Coroas espanhola e portuguesa eram seculares, os desdobramentos foram múltiplos. Após a expulsão dos jesuítas da América portuguesa, em 1759, e da América espanhola em 1767, ambas as Coroas implantaram nas colônias americanas reformas visando modernizar a burocracia e recuperar as defasadas economias dos reinos. A Coroa portuguesa implantou as reformas pombalinas, e a espanhola, as reformas bourbônicas. Por meio da chamada monarquia ilustrada, que, em última instância, era bastante centralizadora, as Coroas promoveram uma série de medidas fiscais e administrativas, cada uma a seu modo.

A política indigenista do Marquês de Pombal, exposta no Diretório dos Índios (1757) teve suas raízes em um projeto de povoamento do Brasil, que previa a ocupação e o povoamento de territórios com a finalidade de garantir a posse da terra. Pensado inicialmente para o Estado do Grão-Pará e Maranhão, teve seu raio de ação ampliado para outras regiões do Brasil e reorganizou populações indígenas procurando eliminar definitivamente as diferenças através dos aldeamentos, um dos seus traços primordiais. No decorrer da segunda metade do século XVIII, a hierarquia entre os vassalos foi "potencializada pelo Diretório" através do acesso facilitado de agentes do governo e militares ao trabalho compulsório dos indígenas.[4]

Em 1776, as reformas bourbônicas criaram o vice-reino do Prata. Antes disso, partes dos atuais territórios argentino, brasileiro e uruguaio integravam o território ainda maior do vice-reino do Peru. Em 1778, estabeleceram o Regulamento

---

4 SAMPAIO, Patrícia Maria Melo. " Vossa Excelência mandará o que for servido...": políticas indígenas e indigenistas na Amazônia portuguesa do final do século XVIII. *Tempo*, v. 12, p. 39-55, 2007.

de Comércio Livre, autorizando os portos de Buenos Aires e Montevidéu a comercializar com outros portos espanhóis e americanos. Outra medida importante foi a aplicação do regime de intendências, em 1782, que reordenou a administração do território do vice-reino do Prata. No alvorecer do século XIX se iniciou um novo momento para Portugal, Espanha e algumas de suas possessões na América. Em 1810 a monarquia espanhola passava por uma acefalia devido ao sequestro do rei Fernando VII pelas forças de Napoleão Bonaparte. As invasões napoleônicas também ocasionaram a mudança da sede do governo português. A saída da Corte de Lisboa em 1807 e sua chegada em 1808 ao Rio de Janeiro foi um marco inicial para o processo de emancipação política do vice-reino do Brasil.

De acordo com Raúl Fradkin e Juan Carlos Garavaglia, conflitos entre forças revolucionárias e contrarrevolucionários, além das sedes de governo monarquistas ocasionaram guerras que minguaram recursos humanos e materiais, alteraram hierarquias e realocaram autoridades, por um lado. Por outro, moldou identidades e mecanismos de mobilização social e política. Conforme os autores, "foi uma experiência social de massas de máxima intensidade, através da qual se configuraram sociedades que emergiram da revolução".[5] Em muitos casos, recrutados à força ou como voluntários em forças regulares, milicianas ou partidas irregulares, os indígenas se transformaram e aos seus modos de vida ao se envolverem como protagonistas nas lutas políticas.

As ações e estratégias indígenas provocaram deslocamentos espaciais distintos, que os colocavam em contato com vários outros sujeitos e instâncias de poder, possibilitando relações que

5 GARAVAGLIA, J. C. *La Argentina Colonial*: El Río de la Plata entre los siglos XVI e XIX. Buenos Aires: Siglo Veintiuno Editores, 2009, p.241.

constantemente os realocaram na hierarquia social. De acordo com a análise das fontes oriundas de arquivos na Argentina, no Brasil e no Uruguai e os referenciais bibliográficos utilizados, isto também advém da importância do uso dos seus bens e conhecimentos, além do seu trabalho como prestadores de serviços especializados, empregados em diversas atividades, que ora contribuíram para alavancar, ora para frustrar os rumos das novas e distintas diretrizes políticas no sul da América meridional.

Naquele cenário, houve profundas mudanças sociais e implicações nas vidas de grupos humanos que perceberam, na sua condição de pertencimento a uma parcialidade étnica, uma oportunidade para sobreviver e movimentar-se pelos códigos que pautavam as relações de hierarquia social. O trabalho, as habilidades e os posicionamentos políticos dos indígenas adquiriam cada vez mais destaque em meio às negociações entre a monarquia portuguesa e seus representantes na capitania de São Pedro, entre dirigentes portenhos e líderes orientais.[6] Considerar a importância dos variados papéis indígenas nas decisões políticas dos governos centrais na região platina permite acessar as continuidades do colonialismo em tempos revolucionários.[7]

---

6 FRADKIN, R. O. (Comp.). ¿Y *el pueblo dónde está? Contribuciones para una historia popular de la revolución de independencia en el* Río de *la Plata*. Buenos Aires: Prometeo Libros, 2008. ________. La revolución en los pueblos del litoral rioplatense. *Revista de Estudos Ibero-Americanos*. Porto Alegre, v. 36, n. 2, julho/dezembro 2010. MELO, K. M. R. S. e. *A aldeia de São Nicolau do Rio Pardo: histórias vividas por índios guaranis (séculos XVIII e XIX)*. Curitiba: CRV, 2020, capítulo 4.

7 *"How can one study colonial societies, keeping in mind – but not being paralyzed by it – the fact that the tools of analisys we use emerged from the history we are trying to examine?"*. In: COOPER, Op. Cit.,2005, p. 4.

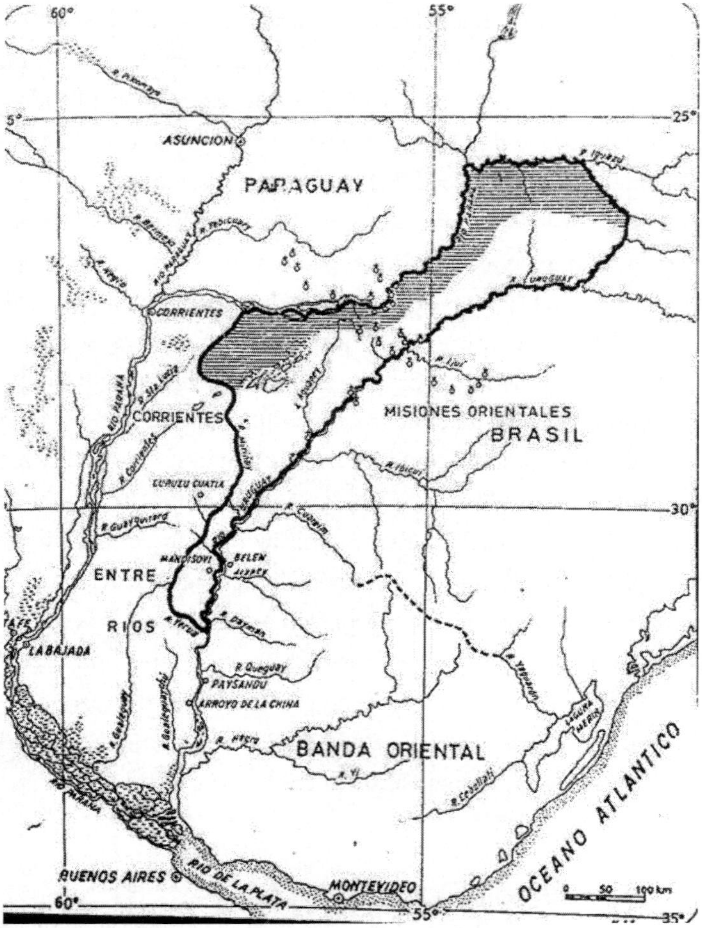

Figura 1 – Referenciais geográficos e territoriais na região platina. Pode-se situar os rios, os povos missioneiros e localidades citadas no capítulo como Curuzú-Cuatiá e Mandisoví. Fonte: Adaptado de MACHÓN, J. F.; CANTERO, O. D. *Andrés Guacurary y Artigas*. Misiones [1ª edição]: o autor, 2006, p.101.

A "revolução tomou um indizível voo": políticas indígenas no espaço platino

A influência de uma das propostas políticas para a chamada Banda Oriental, grosso modo o atual Uruguai, ganhou terreno na região guarani-missioneira entre o rio Paraná e o rio Uruguai. No ano de 1813, houve revoltas em Entre-Rios (província que leva este nome justamente por se encontrar entre os dois rios). Em 1814, o segundo sítio de Buenos Aires a Montevidéu começou a se dispersar. A "soberania particular" da Banda Oriental, depois daqueles acontecimentos, parecia ser um plano passível de realização em vista do apoio de amplos setores sociais locais e do que Tulio Halperín Donghi compreendeu como a ruralização das bases de poder.[8]

Tal plano, ancorado na proposta de José Gervásio Artigas, líder oriental que seria declarado Protetor do sistema da Liga dos Povos Livres, sofreu uma série de medidas punitivas impostas por Buenos Aires face aos problemas generalizados causados pela grande adesão setores sociais empobrecidos e de grupos indígenas. Fundada em 1814, a Liga dos Povos Livres compreendia a Banda Oriental, os territórios do chamado "Litoral" rio-platense - Entre Ríos, Corrientes, Santa Fé, Córdoba e parte de Misiones. O federalismo era a forma de governo da Liga, pautada em ampla reforma agrária e autonomia para as províncias adictas estabelecidas durante o Congresso dos Povos Livres, em 1815. Tendo em vista os planos conservadores propostos por

---

8 HALPERÍN DONGHI, Tulio. *Revolución y Guerra, formación de una elite dirigente en la Argentina criolla.* Mexico: Siglo Veintiuno, 1979, p. 380-385.

Montevidéu e Buenos Aires, o federalismo artiguista tinha ares de anarquia e radicalismo:

> Os planos reformistas de Artigas, especialmente os agrários, causaram um formidável temor não só no conservador Diretório geral das Províncias Unidas, sediado em Buenos Aires, e que respondia, ou tentava responder, pelo poder executivo das Províncias Unidas, mas também entre os estancieiros do Continente de São Pedro, temerosos de que as ideias "subversivas" de Artigas pudessem encontrar respaldo entre a população desfavorecida local.[9]

Assombrados pelo "medo da revolução social"[10] desde a marcha empreendida ao longo da migração das famílias orientais, o quadro pintado por alguns setores elitistas da Banda Oriental, de Buenos Aires e da capitania de São Pedro era o de um presente instável e de um futuro temerário. Já em 1811, era crescente o interesse artiguista em articular politicamente a Banda Oriental à região litorânea e missioneira, respectivamente os lugares de onde saíram (Montevidéu) e para onde migraram

---

9 ÁVILA, A. L. de. *Caudilhos e fronteiriços: A Revolução Farroupilha e seus vínculos rio-platenses*". Releituras da História do Rio Grande do Sul. Fundação Instituto Gaúcho de Tradição e Folclore. Organizadores: Sandra da Silva Careli, Luiz Claudio Knierim. Porto Alegre, CORAG, 2011, p. 188.

10 BARRÁN, J. P. La independencia y el miedo a la revolución social en 1825. *Revista de la Biblioteca Nacional*. Montevideo, n.26, p. 65-77, 1986. Embora o autor se refira à meados da década de 1820, observa-se que há algumas máximas que se repetem desde os registros da década de 1820, como por exemplo, menções à "anarquia" e à "revolução" que tomam conta de Entre-Rios.

as famílias orientais (Gualeguaychú).[11] Artigas buscou alianças com regiões cuja principal característica, podemos dizer, era a marcante presença indígena, lugares que mais tarde chamou de "o centro de meus recursos".[12] Paraguai, as Províncias litorâneas e, é claro, os Povos guarani-missioneiros, incluindo os sete que estavam sob governo dos portugueses desde 1801, cujo território ele e seus correligionários desejavam retomar para que fosse integrado à Província Oriental.[13]

Se o temor era um dos sentimentos sobre os tempos futuros, por um lado; por outro, naquele presente imediato, as expectativas sobre os projetos e ideias apresentadas eram experimentadas e se aprimoravam no decorrer das convulsões sociais e das suas relações recorrentes com o passado. Iniciava-se uma aliança complexa entre diferentes regiões, líderes e habitantes locais, com interesses ora distintos, ora semelhantes. Contudo, por mais peculiares ou generalizados que fossem os interesses ligados aos partidários da proposta artiguista ou de Buenos Aires, ou do governo da capitania de São Pedro, sob o comando de Diego de Souza à época, ou ainda do vice-rei Gaspar de Vigodet, representante do

11 MELO, K. M. R. S. e. *"O 'Padrón de las Familias Emigradas de la Banda Oriental' e a movimentação de indígenas missioneiros pelas fronteiras platinas (1811)"* in MATTOS, Izabel M. de (org.). Histórias Indígenas: memória, interculturalidade e cidadania na América Latina. São Paulo: Humanitas, Zamora: El Colegio de Michoacán, 2020, p. 255-276.

12 AA. Tomo VIII. Ofício *do general Dom José Artigas à Junta de Governo da Província do Paraguai.* Quartel de Salto do Chico, 3 de abril de 1812, p. 104.

13 Tal retomada está em conformidade com as Instruções do Ano XIII, analisada no capítulo 5 da seguinte tese: MELO, Karina M. R. S. e. Histórias indígenas em contextos de formação dos Estados argentino, brasileiro e uruguaio: charruas, guaranis e minuanos em fronteiras platinas (1801-1818), 2017, 352 p. *Tese (Doutorado)* – PPGH/Universidade Estadual de Campinas, São Paulo, Brasil.

poder conservador espanhol instalado em Montevidéu, pode-se dizer que todas as forças em conflito contaram com o apoio ou a dissidência de distintos grupos, parcialidades e sujeitos indígenas, como veremos ao longo deste capítulo.

Em fevereiro de 1814, as forças artiguistas minaram os planos de Buenos Aires vencendo as forças militares enviadas pela capital portenha na batalha de Espinillo. As mobilizações iniciadas em 1813 em espaços missioneiros pelo indígena Domingo Manduré e apoiadas por indígenas da região missioneira e da Banda Oriental tiveram consequências importantes.[14] Acarretaram sublevações em Entre-Rios, o fuzilamento de uma autoridade portenha chamada Bernardo Pérez Planes, a prisão de outras duas, Eduardo Holmberg e Hilarión de la Quintana, e, sobretudo, o começo da projeção do sistema da Liga dos Povos Livres. Contingentes haviam se dispersado, Quintana se refugiara em Buenos Aires e as forças de Holmberg foram "totalmente derrotadas pelos insurgentes da Banda Oriental e a de Pérez Planes (...) a esta data [15 de março de 1814], haverá sido igualmente derrotada".[15]

Diante desses acontecimentos, delegados de Buenos Aires foram enviados para deliberar sobre as condições de um acordo

14 O desfecho resultante dos levantes iniciados e encabeçados por Domingo Manduré alterou também as diretrizes com relação à criminalização das ações de José Gervásio Artigas pelo Diretório de Buenos Aires. Para saber mais sobre Domingo Manduré ver PRAIA, F. S. *Para que cada pueblo se govierne por si*: modernidade política e atores indígenas na região do Rio da Prata (1810-1821). 2017, 135 p., capítulo 3. *Dissertação (Mestrado)*. PPGH/Universidade Federal do Rio Grande do Sul, Porto Alegre, Brasil.

15 AA. Tomo XIV. *De Gervásio Antonio Posadas ao tenente-governador e Cabildo de Corrientes*, 15 de março de 1814, p. 136.

com Artigas. Dois representantes cumpriram papel de destaque ao estabelecer a base para as negociações com o líder oriental. Um era o frei Mariano Amaro e o outro, Francisco Antonio Candioti, um importante estancieiro santafesino. O religioso e o estancieiro partiram em missão de paz, com o intuito de convencer Artigas a libertar os prisioneiros que foram feitos durante as sublevações. Durante o trânsito pela campanha, o religioso alertava ao diretor de Buenos Aires que "o estado da baixada do Paraná para poder dirigir as comunicações ao paisano Artigas, no dia em que se acha, é o mais lamentável." Segundo ele, "a revolução tomou um indizível voo".[16] A posição alçada através da disseminação das propostas artiguistas e do apoio político e militar de setores sociais tidos como marginais havia atingido proporções inimagináveis pelos tradicionais setores dirigentes. "O medo da revolução" sentido por parte dos setores elitistas envolvidos chegava também aos gabinetes de Buenos Aires e às autoridades militares da capitania de São Pedro. Notícias de que grandes mudanças em breve aconteceriam circularam entre Povos missioneiros, entre os domínios portugueses e platinos.

Na capitania mais austral do Reino do Brasil, o tenente José de Abreu, por exemplo, recebeu, através do povo guarani-missioneiro de São Borja, a informação de que líderes artiguistas estavam a caminho de outros dois, o de Santo Tomé e La Cruz.[17] Isto é, povos missioneiros preponderantemente habitados por indígenas guaranis poderiam ser tomados por forças consideradas insurgentes ou, o que seria pior, se tornarem partidários delas. Desta feita, em um gabinete do outro lado do rio Uruguai,

16 AA. Tomo XIV. Santa Fé, 28 de maio de 1814, p. 246.

17 AA. Tomo XV, p. 25-26.

Carlos Alvear, com o aval do Diretório bonaerense, voltou atrás em uma série de prerrogativas que abriram precedentes à perseguição do líder oriental e seus partidários. Uma delas foi o esmero em fazer com que as forças artiguistas passassem a integrar o exército de Buenos Aires. Esta prerrogativa foi também um dos mais fortes pontos de discordância para firmar o convênio entre o líder dos orientais e o representante do Diretório, Carlos Alvear. Uma das condições de Artigas para que o acordo fosse de fato ratificado residia, justamente, na sua pretensão ao território sublevado, onde conseguiu grande apoio político e militar de indígenas e, através do qual, marcou a dissidência entre suas propostas e as do Diretório: "Que o não fazer gestão sobre o Continente de Entre-Rios devia entender-se unicamente sob sua proteção, deixando a salvo o direito que adquiriram de Povos Livres para representar o que lhes convenha sobre sua segurança e prosperidade".[18] É importante buscar compreender as percepções e resoluções dos indígenas sobre as opções políticas que se apresentavam diante daquele quadro, como aponta a historiadora Ana Frega ao considerar que:

> É necessário avançar na revisão da imagem do 'caudilho' e das 'multidões campesinas' formulada pela historiografia de corte nacionalista ou tradicional, a efeitos de compreender suas 'lógicas' de ação política e examinar as influências da etapa revolucionária sobre a conformação das

18 AA. Tomo XV. *Convênio de 9 de julho de 1814* com variante de artigos, com a inclusão de quatro exigências de José Artigas para sua ratificação. p. 28.

> expressões particulares do republicanismo na etapa independente.[19]

As percepções sobre a conveniência de prestar apoio às lideranças conservadoras ou revolucionárias ou sobre como agir para garantir sua segurança em meio aos conflitos armados e às pressões e oportunidades diante do confuso cenário político eram aparentemente controversas e se expressaram tanto na prática de atividades individuais quanto coletivas por parte dos indígenas.

"Útil o meu indivíduo": os serviços prestados por Pablo Areguaty

Nem todos os habitantes indígenas de Entre-Rios eram apoiadores das propostas artiguistas como forma de garantir sua segurança, nem todos viam Artigas como Protetor ou o regime de governo federalista como o mais seguro para seus interesses, como foi o caso de Domingo Manduré e seus seguidores. Ao contrário, parte deles apoiou e serviu ao Diretório, como revela a detalhada descrição dos serviços prestados pelo capitão de milícias e índio Guarani Pablo Arenguaty, escrita por ele mesmo. Em ofício que enviou ao governo das Províncias Unidas, em 1814, Pablo descreveu em ordem cronológica os cargos que ocupou e as atividades militares que desempenhou a serviço do governo de Buenos Aires.

O motivo do envio do documento à capital portenha era a preocupação de Pablo em circular por uma região não controlada

19 FREGA, A. & ISLAS, A. (Coord.). Nuevas Miradas en torno al Artiguismo. Montevideo: Departamento de Publicaciones de la Facultad de Humanidades y Ciencias de la Educación de la Universidad de la República, 2001, p. 54.

pelo Diretório. Endossou o ofício com o testemunho e a recomendação de outras autoridades sobre os serviços que ele havia prestado. De fato, a performance de Pablo Arenguaty na atuação contra os soldados de Manduré nas sublevações em Entre-Rios não deixa dúvidas sobre a importância de estabelecer alianças com os indígenas para os mais distintos propósitos dos grupos políticos que disputavam a hegemonia e o controle do território oriental.

Em 1812, a pedido de autoridades de Mandisovi, Pablo havia sido nomeado capitão de milícias para defender a "justa causa e quanto ocorresse nos territórios de Entre-Rios e contra o superior governo, para poder usar uniforme e divisas militares para ulteriores serviços à pátria".[20] Mas, as sublevações de 1813 e despachos do governo de Buenos Aires cobrando "passaportes" de quem circulasse pelos territórios disputados impediam sua livre circulação. O capitão de milícias de Entre-Rios fez uma lista das suas atividades e incumbências, demonstrando o profundo e complexo envolvimento dos índios com o contexto de formação dos Estados nacionais argentino, brasileiro e uruguaio, numa região limítrofe do espaço platino.

Pablo Arenguaty era filho de uma liderança e membro das elites indígenas. Havia estudado pela Universidade de Córdoba e voltado aos Povos missioneiros logo após a conquista de sete dos 30 povos para a Coroa portuguesa, em 1801.[21] Atuou no combate às primeiras invasões portuguesas, em 1811. No primeiro ano

20 AA. Tomo XIX. Buenos Aires, 13 de junho de 1814, p. 126.

21 Para saber mais sobre Pablo e seu parente Pasqual Arenguaty ver RANZAN, A. C. O papel, a pena e a fronteira: manifestações escritas e ação indígena nas reduções jesuíticas do Paraguai (1768-1801), 2015, 213 p. *Dissertação (Mestrado)*. PPGH/Universidade Federal do Rio Grande do Sul, Porto Alegre, Brasil.

subsequente à revolução de Maio,[22] que ele chamou de *nossa*, Pablo ressaltou que sua honra e mérito eram notórios. Tinha em sua memória uma sequência pormenorizada de eventos que o colocava numa posição social de reconhecido destaque. Sabia muito bem sobre o significado da prestação de seus serviços. Relembrou que muitas vezes desempenhou ordens que contrariavam seus interesses. Destacou o constante risco de vida ao qual se expôs, além das dificuldades de encontrar em meio aos sublevados guaranis e charruas, contra quem lutou e chamou de "compaisanos e parentes".[23] Manifestou que, além de combater em situações de extrema pressão e perigo, arregimentara os insurgentes liderados por Manduré como soldados, fazendo dos índios sujeitos "úteis" como servidores de um esquadrão, procedimento que ele nomeou como "pacificação".

Pablo fez questão de ressaltar que estivera em contato direto e constante com líderes políticos proeminentes a favor e contra o governo portenho, todos citados neste capítulo: José Gervásio Artigas, Hilário de la Quintana, Bernardo Pérez Planes

---

22 A década de 1810 na região platina se iniciou com a revolução de Maio, como ficou conhecido o movimento independentista promovido, basicamente, pelas elites urbanas portenhas que procuravam ocupar uma posição política mais autônoma em relação aos representantes do poder colonial. A Revolução de Maio de 1810 e as negociações estabelecidas entre os poderes locais e os poderes peninsulares acabaram por desencadear o projeto da Liga dos Povos Livres, liderado por José Artigas e por gente da sua confiança. A partir dali, instalou-se uma era de lutas pelo controle de um extenso espaço territorial que englobava, entre outros, territórios indígenas sob administração da Coroa espanhola e portuguesa. Para um apanhado de reflexões sobre a revolução de Maio ver FRADKIN, R. GELMAN, J (Orgs.). *Doscientos años pensando la Revolución de Mayo*. Buenos Aires: Sudamerica, 2010.

23 AA. Tomo XIX. Buenos Aires, 13 de junho de 1814, p. 126.

e Domingo Manduré. A rede de relações sociais que Pablo construiu ao longo de sua experiência era elitizada e, provavelmente, isso fez com que lutasse contra parentes durante os levantes em Entre-Rios. Embora privilegiado, o lugar sobressalente ocupado pelo capitão de milícias guarani não fez com que a tarefa de lutar contra seus "compaisanos" fosse mais fácil. Ao contrário, foi preciso recorrer a grupos políticos não indígenas para que ele pudesse sair de Entre-Rios em segurança. Sua circulação pela região dependia, em seu entendimento, da autorização e da proteção do governo portenho. Ao que tudo indica, ele temia por sentimentos e atos revanchistas e solicitou que, enquanto a região entreriana não estivesse dominada pelo Diretório, ele pudesse atuar nas milícias de Santa Fé, onde o controle de Buenos Aires se dava com menos entraves.

Os "negócios da guerra" no espaço platino e as políticas indígenas

Em 1815, na esteira dos confrontos bélicos, quando a Liga dos Povos Livres foi consolidada, as participações indígenas nas frentes de guerra e suas ações políticas nos campos orientais contribuíram para o auge da projeção do sistema federalista. Entre 1814 e 1820, os povos guarani-missioneiros estavam no epicentro dos conflitos entre forças enviadas por Portugal e por Buenos Aires para frear o poder de Artigas na região platina. Houve ocasiões em que as "relações íntimas" entre a corte portuguesa e a espanhola foram mencionadas em cartas trocadas entre comandantes de fronteira para que tropas artiguistas conseguissem asilo no Reino Unido do Brasil.[24] A possibilidade de submeter-se ao rei Fernando VII, irmão de Carlota Joaquina, também era evocada. Um dos desdobramentos foi o despertar de um novo interesse de Carlota Joaquina pelo controle da região. Diferentemente do que ocorrera em 1810 – quando o carlotismo se apresentou como uma alternativa de governo diante do sequestro de Fernando VII por forças napoleônicas, – quatro anos mais tarde, quando o rei espanhol voltava ao trono, a aliança com Artigas e sua gente significava uma possibilidade de conter as ameaças revolucionárias que enfraqueciam os poderes das monarquias espanhola e portuguesa naquela parte da América.[25] Entretanto, as notícias das movimentações artiguistas que chegavam ao governo do Rio Grande de São Pedro não pareciam de todo amistosas.

Ciente da celeridade dos acontecimentos e dos diferentes rumos que as mobilizações políticas tomavam, Carlota solicitou o serviço de informantes para melhor se inteirar do que acontecia na fronteira sul do domínio português na América, visto que um dos líderes artiguistas estava acampado no território da capitania de São Pedro e havia rumores sobre o fato de que intencionavam "atacar Missões e esta fronteira".[26] O que aconteceria se os Povos missioneiros fossem atacados? Juntar-se-iam às forças ar-

---

24 AHRS. Autoridades Militares, Caixa 278. Ilha de Paraguai, 10 de outubro de 1814.

25 "O Conselho de Indias finalmente reuniu suas recomendações ao rei em outubro de 1814, ecoando esses sentimentos, e concordando que livrar-se de poucos malvados inspirado por modelos estrangeiros restaurariam a hierarquia natural do império". ADELMAN, Jeremy. *Sovereignty and Revolution in the Atlantic Iberian Atlantic.* New Jersey: Princeton University Press, 2006, p. 272.

26 AHRS. Autoridades Militares, Caixa 234. Bagé, 08 de outubro de 1814.

tiguistas ou as combateriam? O que significaria para a capitania a perda dos vassalos indígenas e do território missioneiro? Além dessas questões que passavam pela cabeça de Carlota Joaquina, de dom João VI e Lord Strangford,[27] havia outras sobre as quais a princesa pôs especial empenho em descobrir: quem era essa gente que acompanhava Artigas e seus líderes de confiança? O que significava sua presença e atividade junto aos líderes orientais?

As notícias que chegavam através dos contatos do então governador da capitania,[28] Diego de Souza, eram preocupantes: "cento e tantos homens, vizinhos, solteiros, a mando do tenente Bonifácio, e que estão a marchar a incorporar-se a Artigas, e este tem a seu mando *três mil homens e novecentos índios, com cinco caciques*".[29] Marchavam cerca de quatro mil pessoas em direção à fronteira, a se dar crédito à informação em que há um claro destaque dado pelo informante de Diego de Souza à presença indígena entre as tropas. Cabe perguntar por que ele o fez ao invés de simplesmente incluí-los entre os demais "homens", como acontece em vários outros registros da época? Talvez, menos do que deixá-los à parte através de simples soma ao significativo contingente, ele percebesse mais a diferença entre ter índios e caciques como aliados. Indígenas podiam não apenas ser diferentes, como fazer a diferença no conjunto de inimigos e aliados dos interessados em conquistar poder e autonomia política.

---

27 ADELMAN, Jeremy. Sovereignty and Revolution in the Atlantic Iberian Atlantic. New Jersey: Princeton University Press, 2006, p. 230-231.

28 Dom Diego de Souza ainda era governador da capitania em outubro de 1814. Ele seria substituído em novembro por Luis Teles da Silva, o marquês do Alegrete. Interessante observar que ao longo do mês de outubro, Manuel Marques de Souza, comandante da fronteira da capitania, correspondeu-se com ambos.

29 AHRS. Autoridades Militares, Caixa 234, Bagé, 08 de outubro de 1814.

Para Manuel Marques de Souza, comandante da fronteira a serviço do trono português, os artiguistas não tinham mais do que seiscentos homens, cujo exército estava "falto de cavalhada, por magra".[30] Quanto à guarnição portuguesa, ele assegurava que "tinha carretas, bois, cavalos e artilharia, tudo pronto a marchar",[31] em caso de necessidade. O governo da capitania esperava que não fosse o caso. O governador Diego de Souza informou ao ministro da guerra e dos negócios estrangeiros de dom João VI que acreditava "não haver conluio ajustado de má fé contra nós entre os dois partidos, de Buenos Aires e os de Artigas, e de que ambos nos respeitam e procuram manter boa inteligência conosco. Sem embargo, porém, disto, prosseguem na execução das disposições cautelosas que anunciei (...)".[32] Uma dessas providências foi instruir Artigas de que "no caso de acolher-se aos nossos domínios, deve entrar pelas guardas dependentes do acampamento de San Diego, para a qual mando marchar maiores forças e a cujo comandante envio as ordens necessárias para este fim".[33] O acampamento de San Diego era o mesmo a partir do qual o governador empreendeu um violento ataque aos Charrua que buscavam atravessar a fronteira em 1812, sob o principal pretexto de mediar as relações diplomáticas entre Buenos Aires e a Banda Oriental. Mas as disposições de 1814, ao contrário do que aconteceu com os Charrua, autorizavam Artigas e seus seguidores a cruzarem a fronteira sem serem atacados e, ainda,

---

30 AHRS. Autoridades Militares, Caixa 278. Rio Grande, 20 de outubro de 1814.

31 *Idem.*

32 AI. Documentos Anteriores a 1822. Porto Alegre, 17 de outubro de 1814.

33 *Idem.*

com o auxílio de tropas destinadas à sua escolta. Isto é, as necessidades e objetivos conjunturais que faziam dos indígenas inimigos e aliados continuavam a operar em favor dos "negócios da guerra", esclareceu o governador pouco tempo antes de ser destituído de seu cargo pelo marquês de Aguiar, a pedido do rei português.

Diante desse quadro, as oportunidades para buscar representação política e promover certa quebra das hierarquias sociais apresentavam-se com mais frequência diante dos indígenas. Em situações adversas, o avanço do artiguismo e também das conquistas de Buenos Aires e da Coroa portuguesa ocorria, em boa medida, graças às alianças estabelecidas entre líderes, autoridades militares e estancieiros com grupos indígenas e outros setores populares. Quer dizer, os centros de poder coloniais em processo de emancipação sabiam que era preciso garantir os acertos, acordos, tratos e o suporte de aliados com algum tipo de poder. No caso de indígenas, os conhecimentos que detinham sobre o território, o aproveitamento eficiente de seus recursos animais e naturais e as experiências adquiridas em atos de negociar e guerrear fazia deles, aliados ou inimigos importantes, peões, soldados, intérpretes e líderes políticos habilidosos, como os registros analisados insistentemente informam.

De fato, depois que o alerta das mobilizações que tomavam conta da campanha chegou aos ouvidos de Carlota Joaquina, ela buscou se inteirar sobre as origens do poder e dos recursos que Artigas movimentava. Refletiu seriamente sobre a possibilidade de apoiar o líder oriental. Para isso, contou com os préstimos de informantes de sua confiança. Juan Jacinto Vargas, sob ordens da princesa, elaborou um memorial sobre a Província Oriental e um plano sobre como cooptá-la para servir aos interesses de

Fernando VII.[34] Em seu plano memorial, Vargas fez um apanhado geral dos lugares e das atividades das quais Artigas se ocupou desde 1810, quando estourou a revolução de Maio, até aqueles dias. Citou a migração das famílias orientais, os saques feitos na região de Salto de Chico, os armistícios estabelecidos em 1811 e 1812, as negativas dadas como respostas aos pedidos de aliança, as situações geradas diante do cerco à Montevidéu. E, como não podia deixar de ser, mencionou as alianças estabelecidas entre Artigas e os "índios Charrua, que já em união e dependência sua, *já separadamente, e por si sós*, saquearam e desolaram vários Pueblos, e muitas estâncias desta em outro tempo rica quanto vasta campanha".[35] De acordo com Vargas, os Charrua também empreendiam ações autônomas, não necessariamente ligadas ou dependentes da política de Artigas.

Para a Coroa portuguesa, apoiar Artigas poderia significar entrar em choque com o Diretório de Buenos Aires. Poderia, ainda, sugerir certa incongruência política por parte da monarquia portuguesa, haja vista que Artigas andava insinuando que "queria primeiro que mandasse na Banda Oriental o mais infeliz, ou último índio, que o primeiro dos espanhóis, já que tudo que podiam esperar dele com liberdade, e independência".[36] Imbuído do propósito de deixar claro para a princesa o risco em apoiá-lo, o informante mencionou as "operações criminais" de Artigas e o "alarde de seu delito"; ou seja, esclarecia que seu poder vinha acompanhado de certo prestígio que além de oscilar, estava vinculado a diversos setores sociais, especialmente os populares. Depois de enumerar fatores como esses, que comprometiam a fi-

34 AA. Tomo XVIII, p. 209-222.

35 AA. Tomo XVIII, p. 213.

36 *Idem*, p. 213.

gura pública e a conduta política de Artigas, ressaltar as falhas de suas operações e o perigo que representava para Buenos Aires, Juan Jacinto Vargas, surpreendentemente, deu parecer favorável à busca de uma aliança entre a Corte de Portugal e o líder dos orientais. De acordo com Vargas "fato que não admite controvérsia" é que Artigas tinha ao seu dispor um grande número de soldados e cavalos dos quais se serviam em variadas situações de guerra, motivo pelo qual também era fato inconteste, asseverou, que exercia "um domínio quase absoluto na região oriental".[37]

Foi nessa atmosfera de valorização de recursos humanos, naturais e materiais da região da campanha, da disponibilidade das gentes para integrar os exércitos artiguistas, que o informante de Carlota Joaquina, considerou que a decisão mais prudente seria "sustentar e fomentar constantemente as boas ideias que ao fim parece haver tido Artigas e Otorgués, evitando do modo possível que, seja por sua natural propensão à independência, ou por nossa negligência e descuido, voltem a incidir ulteriormente nos detestáveis princípios que [...] tiveram até agora (...)",[38] quais sejam, os princípios de ameaçar centros de poder monárquicos. As estratégias de arregimentar soldados e arrebanhar gado vacum e cavalar das estâncias da região, incluindo as missioneiras e os rebanhos de particulares e indígenas charruas e minuanos, foram consideradas "boas ideias", das quais a Coroa portuguesa deveria se apropriar na prática. Deputados orientais foram enviados ao Rio de Janeiro como representantes dos interesses de Artigas, entre eles José Bonifácio Redruello. Lá, Redruello redigiu uma exposição detalhada a fim de convencer a Coroa portuguesa a prestar

37 *Idem*, p. 220.

38 AA. Tomo XVIII, p. 221.

apoio à causa artiguista. Redruello iniciou seu dossiê com a sedutora proposta de controlar grupos indígenas, cujos bens e mão-de-obra poderiam alavancar ainda mais o comércio de animais, carnes e peles e estimular os lucros advindos com "os negócios da guerra". A primeira das vantagens apresentadas era a de "reduzir à ordem" os indígenas minuanos e charruas, chamados *infiéis*, coisa "que apesar dos esforços que tem feito o governo legítimo desde o descobrimento das Américas até o dia não se pôde lograr". Geralmente descritos como entraves à atividade comercial no cenário dos conflitos bélicos, indígenas charruas e minuanos costumavam participar das redes de trocas, compra e venda de mercadorias, além de possuir conhecimento na criação e manutenção dos rebanhos. Para comprovar a primeira vantagem em apoiar Artigas, o deputado oriental informou que uma das divisões que acompanhava o protetor da Liga, "o ajudou não pouco com bom êxito nas ações que frequentemente dá aos portenhos, retirando-lhes o gado, tomando-lhes as cavalhadas e ainda com suas armas de lança e flecha". Algumas vezes, os indígenas empreenderam rodeios e ataques, cujo objetivo era sua subsistência e a da tropa em que atuavam, o aumento dos seus rebanhos, ou ainda, parte dos seus próprios negócios durante as guerras. A segunda vantagem da Coroa portuguesa em ter o líder oriental como aliado era:

> (...) conservar na ordem aos ditos índios, que obedeçam ao rei, e se instruam nos dogmas de nossa sagrada religião, sob o comando de Artigas, a quem se empenham em obedecer com emulação, como eu fui testemunha quando estive em

> seus acampamentos, e que a exemplo destes *infiéis*, poderiam reduzir-se outros.[39]

Através dos auxílios de Artigas, dizia Redruello – um observador com trabalho de campo que esteve em acampamentos militares indígenas –, as tropas espanholas que seriam enviadas por Fernando VII para restaurar o poder da monarquia espanhola no Prata receberiam "carne e pão fresco, cavalgaduras e quanto necessitem para os transportes até Buenos Aires". No Rio de Janeiro, as objeções aos pedidos do deputado se concentraram na suposição de que, se conseguissem o que queriam, aqueles habitantes da campanha poderiam depois se voltar contra a Espanha.

Da capital do Império português, políticos e militares se comunicavam também com o ministro de Estado espanhol Pedro de Cevallos. André Vilalba, por exemplo, dizendo-se instruído pelo próprio príncipe regente que lhe mostrara correspondências apreendidas pelo governador da capitania do Rio Grande a um comissionado de Artigas, alertou que o *caudilho* trabalhava bastante pela independência. Conforme a percepção do informante a serviço da monarquia espanhola, alocado no Rio de Janeiro, dizia-se "que em Santa Fé [Artigas] tem muito partido, e que dali lhe escrevem que os avisasse, pois já tinham muitos índios prevenidos para dar o golpe, que esperavam somente seu aviso".[40] O golpe, afirmou Vilalba, "será sem dúvida para unir-se a ele e declarar-se abertamente contra Buenos Aires", e, portanto, uma vantagem para a Espanha. Diante de tais

---

39 AA. Tomo XVIII. *Reflexões sobre os auxílios* que solicitam os deputados da Banda Oriental do Rio da Prata. Rio de Janeiro, 1815, p. 256. As duas últimas citações foram retiradas da mesma fonte.

40 AA. Tomo XVIII, p. 289.

informações, não é difícil compreender que, estreitamente ligados às mobilizações políticas, aos movimentos independentistas e às redes comerciais, estavam os indígenas.

Considerações finais

Os líderes, informantes, secretários, conselheiros e representantes dos diferentes poderes em disputa não ignoravam o fato de que os indígenas e suas atividades estavam profundamente relacionados ao desenrolar e desfecho dos conflitos, à situação comercial da região e às constantes variáveis que pesavam na tomada de decisões governamentais. Ao contrário, os relacionavam a uma série de disposições administrativas, econômicas e políticas. As experiências individuais e coletivas de sujeitos indígenas devem ser inseridas dentro do conjunto de mecanismos de poder utilizados para movimentar hierarquias sociais.

Foram os acordos estabelecidos entre representantes artiguistas na capitania do Rio Grande de São Pedro e na capital do Rio de Janeiro que contribuíram para outra significativa vitória dos "insurgentes orientais" contra os "revolucionários portenhos". Os ataques empreendidos por Carlos Alvear contra as forças de Artigas sofreram uma derrota que acabou por contribuir para consolidar o domínio da Liga dos Povos Livres frente ao centralismo portenho. Como resultado, promoveu-se a retirada das forças militares portenhas da região oriental e iniciou-se o período de auge do poder de Artigas. Ou seja, o apoio de forças conservadoras acabou auxiliando o líder oriental em seus planos para conter o Diretório bonaerense. No Rio de Janeiro, membros da corte portuguesa, informantes, deputados federalistas e unitaristas trocavam informações sobre as vantagens e desvantagens de estabelecer aliança com Artigas e "sua gente". Às vésperas dos embates ocorridos na segunda metade da década de 1810, havia uma enorme quantidade de soldados "ainda quando não eram disciplinados" a serviço de Artigas, nas palavras de outro informante. Além disso, chegavam mais "dois caciques de uns índios civilizados arranchados acima das baixadas de Santa Fé, para se unirem ao partido de Artigas e seguirem as suas ordens por aquele lado".[41] Em meio aos ataques disseminados em vários locais, havia expectativas em torno daquele que seria o "ataque decisivo".[42] Os contingentes que apoiavam Artigas circulavam por grandes extensões territoriais, estavam espalhados em diferentes lugares, motivos pelos quais tropas se reuniam e se dispersavam rapidamente, dando a impressão de que as forças militares eram instáveis e indisciplinadas. Não eram, por certo, soldados ordinários, pois não se tratava apenas de receber e executar ordens em troca de soldo, mas também de fazer parte da cena política e contribuir com seus próprios recursos e conhecimentos, e de acordo com seus interesses econômicos e sociais. Assim, pode ser que esteja na dificuldade deste informante (e de parte dos historiadores) em perceber as diferentes negociações estabelecidas pelos indígenas num contexto de grande valorização de suas experiências e habilidades, a visão deletéria (ao invés de inclusiva) sobre suas práticas individuais e seu protagonismo coletivo no exercício de autonomia política.

Conforme João Pacheco de Oliveira apontou para os espaços limítrofes da Amazônia, a perspectiva processual na análise de uma região de fronteira auxilia no rompimento com uma descrição histórica generalizante e aponta a diversidade

41 AA. Tomo XVIII, p. 83-84.

42 *Idem.*

de narrativas e regimes políticos que singularizam, ao mesmo tempo em que tornam universais, as trajetórias históricas das populações indígenas.[43] Nesse sentido e fazendo uso das assertivas do historiador Hal Langfur, as preocupações acadêmicas que informam este trabalho emergem dos esforços de um grupo crescente de pesquisadores que estão atentos às histórias indígenas nas fronteiras americanas. Da mesma maneira, a incontornável ênfase nas histórias de indígenas atuando em espaços de fronteira também coloca este "estudo à parte de uma historiografia que rejeita a importância dos índios no período de transição entre o período colonial e o advento das repúblicas e impérios independentes".[44] No processo de formação e construção das fronteiras os indígenas atuaram e, em conjunto, suas atividades contribuíram para alargar e variar os parâmetros culturais e sociais formadores de identidades étnicas, sociais, regionais e transnacionais. A diversidade de suas ações também contribuiu para conformar a (des)organização do espaço platino, do qual o Brasil fez parte.

Fontes consultadas

Archivo Artigas. Tomos VIII, XIV, XV, XVIII, XIX.

Arquivo Histórico do Rio Grande do Sul. Autoridades Militares, Caixas 234 e 278.

43 OLIVEIRA, J. P. *Narrativas e imagens sobre povos indígenas e a Amazônia: Uma perspectiva processual da fronteira.* Indiana. Dossier: Identidades volitivas: antropologia sudamericana da Amazônia, v. 27, 2010. p. 19.

44 LANGFUR, H. *The forbidden lands: colonial identity, frontier violence, and the persistence of Brazil's Eastern Indians, 1750-1830.* Stanford: Stanford University Press, 2006, p. 3 e 126.

Referências bibliográficas

ADELMAN, Jeremy. *Sovereignty and Revolution in the Atlantic Iberian Atlantic.* New Jersey: Princeton University Press, 2006.

ÁVILA, A. L. de. *Caudilhos e fronteiriços: A Revolução Farroupilha e seus vínculos rio-platenses.* In Releituras da História do Rio Grande do Sul. Fundação Instituto Gaúcho de Tradição e Folclore. Organizadores: Sandra da Silva Careli, Luiz Claudio Knierim. Porto Alegre, CORAG, 2011, p. 181-202.

BARRÁN, J. P. La independencia y el miedo a la revolución social en 1825. *Revista de la Biblioteca Nacional.* Montevideo, n.26, p. 65-77, 1986.

COOPER, F. *Colonialism in question: theory, knowledge, history.* Berkeley and Los Angeles: University of California Press, 2005

FRADKIN, R. O. (Comp.). ¿Y *el pueblo dónde está? Contribuciones para una historia popular de la revolución de independencia en el* Río de *la Plata*. Buenos Aires: Prometeo Libros, 2008. 276 p.

FRADKIN, R. O. La revolución en los pueblos del litoral rio-platense. *Revista de Estudos Ibero-Americanos.* Porto Alegre, v. 36, n. 2, julho/dezembro 2010, p. 242.

FRADKIN, R. O. GARAVAGLIA, J. C. *La Argentina Colonial*: El Río de la Plata entre los siglos XVI e XIX. Buenos Aires: Siglo Veintiuno Editores, 2009.

FRADKIN, R. O. GELMAN, J. (orgs.) *Doscientos años pensando la Revolución de Mayo*. Buenos Aires: Sudamerica, 2010.

FREGA, A. ISLAS, A. (Coord.). *Nuevas Miradas en torno al Artiguismo*. Montevideo: Departamento de Publicaciones de la Facultad de Humanidades y Ciencias de la Educación de la Universidad de la República, 2001.

HALPERÍN DONGHI, T. *Reforma y disolucion de los impérios ibéricos, 1750-1850*. Madrid: Alianza Editorial, 1975.

LANGFUR, H. *The forbidden lands: colonial identity, frontier violence, and the persistence of Brazil's Eastern Indians, 1750-1830.* Stanford: Stanford University Press, 2006.

MACHÓN, J. F.; CANTERO, O. D. *Andrés Guacurary y Artigas.* Misiones [1ª edição]: o autor, 2006.

MAEDER, E. J. A. *Misiones del Paraguay: Conflictos y disolución de la sociedad guarani* (1768-1850). Madri: Mafre, 1992.

MELO, K. M. R. S. e. *"O 'Padrón de las Familias Emigradas de la Banda Oriental' e a movimentação de indígenas missioneiros pelas fronteiras platinas (1811)"* in MATTOS, Izabel M. de (org.). Histórias Indígenas: memória, interculturalidade e cidadania na América Latina. São Paulo: Humanitas, Zamora: El Colegio de Michoacán, 2020, p. 255-276. OLIVEIRA, J. P. *Narrativas e imagens sobre povos indígenas e a Amazônia: Uma perspectiva processual da fronteira.* Indiana. Dossier: Identidades volitivas: antropologia sudamericana da Amazônia, v. 27, 2010.

PRAIA, F. S. Para que cada Pueblo se govierne por si: modernidade política e atores indígenas na região do Rio da Prata (1810-1821). 2017, 135 p. *Dissertação (Mestrado).* PPGH/Universidade Federal do Rio Grande do Sul, Porto Alegre, Brasil.

PIMENTA, J. P. *Estado e Nação no Fim dos Impérios Ibéricos no Prata: 1808-1828.* São Paulo: Fapesp/Editora Hucitec, 2002.

RANZAN, A. C. O papel, a pena e a fronteira: manifestações escritas e ação indígena nas reduções jesuíticas do Paraguai (1768-1801). 2015. 213 p. *Dissertação (Mestrado).* PPGH/Universidade Federal do Rio Grande do Sul, Porto Alegre, Brasil.

SAMPAIO, Patrícia Maria Melo. " Vossa Excelência mandará o que for servido...": políticas indígenas e indigenistas na Amazônia portuguesa do final do século XVIII. *Tempo*, v. 12, 2007, p. 39-55.

Sobre a autora

Karina Moreira Ribeiro da Silva e Melo é doutora em História Social pela Universidade Estadual de Campinas/ Unicamp (2017). Mestra (2011), licenciada (2008) e bacharela (2012) em História pela Universidade Federal do Rio Grande do Sul. Atua principalmente nos seguintes temas: história indígena, Brasil colonial e imperial, fronteiras. É professora adjunta na Universidade Estadual de Pernambuco/UPE, onde atua como coordenadora do curso de História do Multicampi/Garanhuns. Coordenou a fundação do GT Indígenas na História (GTIH) junto à ANPUH-RS (2016) e participa como secretária do GT Indígenas da História junto à ANPUH-PE (2020-2022). Integra o projeto de catalogação do LEPEHIS-Laboratório de Ensino Pesquisa e Extensão em História/UPE. É membro do GT "Os Índios na História", vinculado à ANPUH Brasil, sendo responsável pelo site e pelo canal do GT. Preside a atual gestão da ANPUH-PE, biênio 2022-2024. É professora permanente do Mestrado Profissional em Culturas Africanas, da Diáspora e dos Povos Indígenas (PROCADI) e do Programa de Pós-Graduação em Saúde e Desenvolvimento Social (PPGSDS), ambos da Universidade de Pernambuco.

Rumores de guerra nas fronteiras amazônicas: Grão-Pará e Rio Negro e os limites com a América espanhola (1817-1829)

Carlos Augusto Bastos

Os limites hispano-portugueses no vale amazônico representavam um espaço de desavenças e tensões desde os séculos de ocupação colonial. As iniciativas de demarcação dos limites territoriais no Setecentos não finalizaram os desentendimentos das Coroas de Portugal e Espanha quanto às suas soberanias sobre rios, terras e populações. Em certos momentos, a ocorrência da guerra nas fronteiras amazônicas parecia uma possibilidade tangível no horizonte de expectativas das autoridades locais, conectando os conflitos nesse espaço a outros que atravessavam as relações entre os impérios ultramarinos.[1] Nas décadas iniciais

1 MARCHENA FERNÁNDEZ, Juan. Del Tajo al Amazonas y al Plata. Las repercusiones atlánticas de las guerras entre las coronas española y portuguesa en la Edad Moderna. In: REITANO, Emir, POSSAMAI, Paulo (coord.). *Hombres, Poder y Conflicto*. Estudios sobre la frontera colonial sudamericana y su crisis. Universidad Nacional de La Plata, 2015, p. 12-116; GÓMEZ GONZÁLEZ, Sebastián. "A Guerra da Orelha de Jenkins".

do XIX, as profundas crises políticas vivenciadas nos conjuntos das Monarquias portuguesa e espanhola envolveram igualmente esses espaços de fronteira no extremo norte da América do Sul. O controle sobre essas extensas e não-delimitadas fronteiras tinha que lidar com as tensões e incertezas políticas que marcaram a quebra da autoridade monárquica, o surgimento de novos espaços locais de soberania e a construção de corpos políticos independentes. A possibilidade da guerra permeou as leituras que os poderes instituídos localmente faziam sobre o enquadramento das zonas limítrofes no conjunto das transformações em curso. Cabia estar atento às informações que apontavam o risco do conflito armado, e tomar as medidas consideradas necessárias para controlar esses espaços.

Neste estudo, a análise se volta para a formulação das interpretações e as medidas de segurança tomadas por autoridades portuguesas (e depois do Império do Brasil) para as fronteiras com a América espanhola do Grão-Pará e Rio Negro entre a segunda metade da década de 1810 até fins dos anos de 1820. O recorte cronológico inicial diz respeito ao contexto de aprofundamento dos conflitos políticos no mundo hispano-amazônico vizinho, e como isso informou o lado luso-americano sobre o perigo de um espraiamento dos conflitos para o território da capitania do Rio Negro, então subordinada ao governo de Belém. O recorte final, por sua vez, refere-se às medidas de segurança tomadas pelas au-

---

Historias entrelaçadas em contextos anglo-hispânicos (1739-1748). In: BRITO, Adilson J.I., BASTOS, Carlos Augusto (orgs.) *Entre Extremos.* Experiências fronteiriças e transfronteiriças nas regiões do Rio Amazonas e Rio da Prata-América Latina, séculos XVI-XX (Curitiba: Editora CRV, 2018) 81-104; IBÁÑEZ BONILLO, Pablo. "Entre sustos y alegrias": Noticias y rumores en las fronteras amazónicas durante la Guerra Fantástica (1762-1763). *Anuario de Estudios Americanos*, vol. 78, N. 2, 2021, p. 469-500.

toridades da recém-criada comarca do Rio Negro e da província do Grão-Pará à luz dos conflitos nas áreas amazônicas, como a guerra entre Peru e Colômbia nos anos de 1828-1829.

A divisão do texto se orienta pela análise do tema da possibilidade da guerra e as medidas de segurança nas fronteiras a partir de contextos e espaços específicos. Na primeira parte, será abordada a fronteira com a Venezuela entre 1817-1819. Em seguida, a análise se volta para os debates sobre a segurança militar e as ameaças que emanavam dos limites com o Peru nos anos iniciais da década de 1820. Por fim, esse estudo enfocará a segunda metade da década de 1820, tratando da segurança militar para os limites com as repúblicas do Peru e da Colômbia.

Revolução e guerra nos limites com a Venezuela.

O aumento dos conflitos na América hispânica, na década de 1810, despertou a atenção das autoridades lusas quanto ao possível ingresso da propaganda antimonárquica nas capitanias portuguesas. O governo do Grão-Pará, nesse contexto, recebeu ordens de manter vigilância para "obstar a introdução de papéis incendiários", enviados principalmente do governo de Buenos Aires, e que tinham o objetivo de "desviar os vassalos portugueses daquela pureza de fidelidade, sujeição e amor ao seu soberano".[2] Na capitania do Rio Negro, o comandante de Marabitanas, na fronteira com a província da Guayana (Capitania Geral da Venezuela), foi igualmente orientado a conter a circulação de gazetas dos "rebeldes espanhóis". No ano de 1819, o comandante português dessa fronteira recebeu seis gazetas dos rebeldes,

2 Arquivo Público do Estado do Pará (APEP), Códice 642. Ofício do Conde de Galveas ao governo interino do Pará. Rio de Janeiro, 24-11-1812.

remetendo-as para a Barra do Rio Negro "para que ninguém as lesse, e não se persuadisse das fábulas e maus sistemas" que caracterizavam esses escritos, produzidos para "enganarem aos leitores", segundo relatou.[3]

Para além da circulação de gazetas trazendo propaganda republicana e críticas ao sistema monárquico, havia a preocupação quanto ao ingresso de rebeldes hispano-americanos nas terras luso-americanas, o que justificava a vigilância sobre as zonas fronteiriças. Ao entrar em contato com o governador da capitania do Rio Negro, o governador do Pará, Conde de Vila Flor, destacou a necessidade de adotar todas as providências para evitar "qualquer movimentação que pretendam os espanhóis"[4] naquela fronteira. O governador do Grão-Pará ordenou também que os oficiais dos postos fronteiriços no Rio Negro não mantivessem correspondência com os comandantes dos insurgentes do lado espanhol, pois qualquer relação na área só poderia ser mantida com as devidas orientações da Corte.[5]

Ao longo da segunda metade dos anos 1810, uma zona que despertou a preocupação dos portugueses quanto ao perigo político eram os limites da capitania do Rio Negro com a Venezuela, tendo em vista o aprofundamento das lutas nessa parte da América hispânica e o risco de incursão dos rebeldes no território rio-negrino. Desde 1817, os independentistas ha-

---

3 APEP, Códice 702. Ofício de Pedro Miguel Ferreira Barreto, comandante do forte de Marabitanas, a Manoel Joaquim do Paço, governador da capitania do Rio Negro. Forte de Marabitanas, 1.0-4-1819.

4 APEP, Códice 693. Ofício do Conde de Vila Flor, governador do Grão-Pará, a José Joaquim Vitório do Paço, governador da capitania do Rio Negro. Belém, 27-3--1818.

5 APEP, Códice 693. Ofício do Conde de Vila Flor, governador do Grão-Pará, ao governador da capitania do Rio Negro. Belém, 28-3-1819.

viam tomado a cidade de Angostura, às margens do Orinoco, dominando as rotas navegáveis dos rios Apure-Orinoco e fazendo da Guayana (província limítrofe com a capitania do Rio Negro) uma base das operações republicanas contra os realistas nos anos de 1818-1819.[6] A Venezuela era vista pelas autoridades lusas como um foco de tensões e de ideias subversivas que poderiam pôr em risco a ordem no extremo norte do Brasil. As interdições de contatos entre portugueses e insurgentes da vizinhança hispano-americana justificaram a dura reprimenda que Pedro Miguel Barreto, comandante do forte de Marabitanas, recebeu do governo do Rio Negro no ano 1819. Barreto havia mantido negociações com representantes das forças patriotas na vizinha província da Guayana, sinalizando que aceitaria estabelecer um tratado com eles. No entanto, na avaliação dos governos do Rio Negro e do Grão-Pará, Barreto não dispunha de autoridade para estabelecer tal comunicação, que contrariava as ordens de seus superiores.[7]

---

6 BASTOS, Carlos Augusto. *No Limiar dos Impérios*: a fronteira entre a Capitania do Rio Negro e a Província de Maynas. Projetos, circulações e experiências (c.1780-c.1820). São Paulo: UCITEC, 2017, p. 430-433; BRITO, Adilson Júnior Ishihara. *Insubordinados Sertões*. O Império português entre guerras e fronteiras no norte da América do Sul – Estado do Grão-Pará, 1750-1820. Doutorado em História. Universidade de São Paulo, 2016, p. 502-542; JAVIER CASTRO, Oscar. Circulación de informaciones y experiências entre Brasil, Nueva Granada y Venezuela en la formación de la República de Colombia, 1817-1819. *Procesos-Revista Ecuatoriana de Historia*, n. 53 (enero-junio2021), p. 45-76; GUTIÉRREZ ARDILLA, Daniel. *1819*. Campaña de la Nueva Granada. Bogotá: Universidad Externado de Colombia, 2019, p. 19-25; PIMENTA, João Paulo. *Tempos e Espaços das Independências*. A inserção do Brasil no mundo ocidental (1780-1830). São Paulo: Intermeios, 2017, p. 148-151.

7 APEP, Códice 693. Ofício do Conde de Vila Flor, governador do Grão-Pará, a Manoel Joaquim do Paço, governador da capitania do Rio Negro.

A Corte portuguesa estava ciente dos perigos da fronteira do Rio Negro com as províncias venezuelanas não somente por meio dos informes enviados pelas autoridades do extremo norte. Em 1818, o ministro plenipotenciário português nos Estados Unidos, Camilo Martins Lage, oficiou a Tomás Antônio Vilanova Portugal, ministro dos Negócios do Brasil, sobre reuniões ocorridas em Baltimore nas quais se projetava a invasão do interior da América lusa pelos insurgentes espanhóis a partir da Venezuela. Na Filadélfia, estariam reunidos rebeldes de Buenos Aires[8] e participantes da Revolução de Pernambuco de 1817. Deve-se ressaltar que os revolucionários pernambucanos haviam enviado uma missão aos Estados Unidos no mesmo ano. Com isso, objetivavam divulgar o movimento e garantir o reconhecimento no exterior do governo provisório instituído em Pernambuco, bem como firmar acordos comerciais com os norte-americanos e garantir o envio de armas.[9] "Toda a massa dessa gente está nos interesses de Bolívar, o que me faz crer que ele nos

Belém, 3-9-1819. Ver também: REIS, Arthur Cezar Ferreira. Neutralidade e boa vizinhança no início das relações entre brasileiros e venezuelanos. Documentário. *Revista do Instituto Histórico e Geográfico Brasileiro*, vol. 235, abr.-jun. 1957.

8 Sobre a presença de emissários do governo de Buenos Aires nos Estados Unidos e os debates norte-americanos sobre a situação política do Rio da Prata nos anos de 1810, ver: HENRY, Monica. Un champ d'observation pour les États-Unis: la révolution au Río de la Plata. In: HÉBRARD, Véronique, VERDO, Geneviève (ed.). *Las Independencias Hispanoamericanas*. Un objeto de historia. Madrid: Casa de Velázquez, 2013, p.291-304.

9 RABELO, Pedro Henrique de Mello. *Amizade, Comércio e Navegação*: O Tratado de 1829 e as relações político-mercantis entre o Brasil e os Estados Unidos na formação do Império Brasileiro (1808-1831). Dissertação de mestrado em História. Universidade Federal de Ouro Preto, 2017, p. 83-90.

não é afeiçoado", avaliou Camilo Martins Lage. Segundo relato de Lage, quando algumas gazetas chegaram a Baltimore narrando as recentes vitórias militares de Bolívar, os rebeldes "disseram logo com jactância que o Brasil ficará a descoberto".[10]

Para que o plano fosse executado, ainda segundo Lage, teriam sido enviados para o rio Orinoco, dominado pelas forças republicanas, dois "filhos do padre José Inácio [Ribeiro de Abreu e Lima, conhecido como padre Roma], que foi fuzilado como rebelde na Bahia, que cá estão mui festejados por essa gente" - referia-se a José Inácio de Abreu e Lima (que viria a se tornar general das forças comandadas por Bolívar) e a Luís Inácio de Abreu e Lima. "Americanos de juízo me disseram que não duvidasse que havia plano de comunicação com o interior do Brasil, e que se pretendia, que era mui fácil e seguro", assegurou o representante português. Para Lage, possivelmente a invasão ocorreria através do canal do Cassiquiare, conectando o Orinoco ao rio Negro, onde "há 70 ou 80 anos [durante as demarcações do Tratado de Madri] as canoas e embarcações portuguesas e castelhanas vieram a encontrar-se".[11]

Algumas notícias que chegaram ao conhecimento dos portugueses no contato com os rebeldes da Venezuela contribuíam para alimentar o temor de um conflito armado na fronteira. Ao encontrar-se no posto de Cucuy com um emissário dos patriotas, o já mencionado comandante de Marabitanas,

10 APEP, Códice 704. Ofício do Conde de Vila Flor, ministro dos Negócios Estrangeiros, a Tomás Antônio de Vilanova Portugal, ministro dos Negócios do Brasil. Rio de Janeiro, 18-7-1819.

11 APEP, Códice 704. Ofício do Conde de Vila Flor, ministro dos Negócios Estrangeiros, a Tomás Antônio de Vilanova Portugal, ministro dos Negócios do Brasil. Rio de Janeiro, 18-7-1819.

Pedro Miguel Ferreira Barreto, procurou saber o que se passava "naquelas províncias insurgentes". Disse o emissário que havia o temor entre eles de que os portugueses se unissem aos espanhóis realistas para atacá-los. Para evitar tal ameaça, as lideranças insurgentes projetavam manter relações diplomáticas com o Brasil, esperando que os portugueses reconhecessem a nova República e estabelecessem com ela relações comerciais.[12]

Ainda segundo o mesmo emissário, os partidários da república haviam avançado significativamente sobre os territórios da Venezuela e de Nova Granada, sitiando o exército realista comandado pelo general Pablo Morillo, em Santa Fé. No entanto, havia outro conflito mais perigoso em vista: a guerra contra os "pardos e negros que eles alforriaram" e que queriam "se sublevar contra eles, talvez para seguirem o método dos da ilha de S. Domingos, e dizem os insurgentes que receiam mais a guerra dos negros, porque ser-lhes-á mais funesta que a dos espanhóis realistas". Além da ameaça de uma guerra racial nas imediações da América portuguesa, havia outra ameaça relatada pelo emissário: ele "ouvira dizer do comandante [insurgente] Hipólito Coibas que os ingleses americanos se determinavam a ir atacar a nossa província do Pará," rumor esse que se conectava às informações relatadas pelo representante português nos Estados Unido.[13]

---

12 APEP, Códice 702. Ofício de Pedro Miguel Ferreira Barreto, comandante de Marabitanas, a Manoel Joaquim do Paço, governador da capitania do Rio Negro. Fronteira de Marabitanas, 8-6-1820.

13 APEP, Códice 702. Ofício de Pedro Miguel Ferreira Barreto, comandante de Marabitanas, a Manoel Joaquim do Paço, governador da capitania do Rio Negro. Fronteira de Marabitanas, 8-6-1820.

Para os governantes portugueses no extremo norte, o desenrolar das lutas na vizinhança da fronteira norte do Brasil, e em especial a zona limítrofe com a Venezuela, tornava muito mais complexa e desafiadora a formulação de uma política de segurança. Essa fronteira figurava como um possível espaço de avanço dos rebeldes comandados por Bolívar, e suas comunicações com outros movimentos no continente (como as relações com representantes do governo de Buenos Aires e com participantes do movimento de Pernambuco de 1817) amplificavam a ameaça. Aquele segmento da fronteira norte é incorporado a um quadro político revolucionário continental, tornando-se uma possível porta de entrada de rebeldes hispano-americanos no interior da América lusa. Em um tempo de extrema imprevisibilidade, as relações entre portugueses e rebeldes da Venezuela poderiam variar dos acordos diplomáticos e comerciais à guerra. Já a guerra de castas, na visão das autoridades do Pará e do Rio Negro, lançava a ameaça de ocorrer, nas imediações da América portuguesa, uma experiência comparável à da colônia francesa de Saint Domingue.[14] A política da Monarquia portuguesa no Brasil para suas fronteiras precisava lidar com experiências políticas cada vez mais singulares e imprevisíveis na vizinhança, envolvendo as áreas extremas do norte do território luso-americano.

---

14 Para uma visão mais geral dos debates e leituras no Brasil sobre a revolução de São Domingos e a formação do Haiti, conferir: MOREL, Marco. *A Revolução do Haiti e o Brasil Escravista.* O que não deve ser dito. Jundiaí: Paco Editorial, 2017.

As ameaças da independência nos limites com o Peru

Entre o final da década de 1810 e começo dos anos de 1820, as lutas nos territórios vizinhos hispano-americanos limítrofes ao Grão-Pará foram profundamente modificadas. Esse contexto foi marcado pelo avanço das forças patriotas e derrota dos defensores do realismo espanhol nos territórios da Venezuela e da Nova Granada, além da formação da República da Colômbia (1819). Já o Vice-Reino do Peru, bastião da defesa monárquica na América do Sul, tornou-se palco das guerras entre as forças realistas e patriotas, com vitórias da causa da independência entre 1820-1821.[15] Por outro lado, a Revolução Liberal do Porto e suas reverberações nas diferentes províncias do Brasil, o crescente antagonismo político entre defensores da unidade monárquica lusa e da autonomia política do território brasileiro, a proclamação da independência em setembro de 1822 e as guerras contra os grupos políticos leais a Lisboa entre 1822-1823, formavam, em linhas gerais, o quadro do acirramento das contendas no lado luso-americano. Na província do Grão-Pará, os grupos dirigentes em Belém continuaram defendendo a unidade monárquica lusa e se colocando contrários ao projeto político de independência e incorporação ao Brasil.[16] A gestão da política

---

15 CRESPO, Alberto. "La Independencia desde el Sur." In: Germán CARRERA DAMAS (ed.). *Historia de América Andina*. Volumen 4: Crisis del Régimen Colonial e Independencia. Quito: Universidad Simón Bolívar, 2003, p. 241-267; THIBAUD, Clément. *República en Armas*. Los ejércitos bolivarianos en la guerra de Independencia de Colombia y Venezuela. Bogotá: IFEA, 2003 (capítulo 9).

16 SLEMIAN, Andréa & PIMENTA, João Paulo G. *O "nascimento político" do Brasil: as origens do Estado e da nação (1808-1825)*. Rio de Janeiro: DP&A,

de segurança para as fronteiras do norte amazônico do então Reino Unido de Portugal, Brasil e Algarve foi impactada pelas mudanças políticas em curso nos territórios limítrofes, bem como no conjunto da monarquia portuguesa.

Entre 1821 e 1823, além das preocupações das autoridades provinciais quanto à segurança interna e manutenção da ordem entre os habitantes do Grão-Pará, as fronteiras internacionais da província despertavam a atenção devido às guerras em curso na América espanhola e o perigo de que tais experiências se espraiassem pelo território luso-americano. Da fronteira com o Peru, chegavam informações alarmantes sobre as lutas políticas locais. Segundo relatou o capitão Mariano Lopes, um emigrado espanhol que fugiu para o Rio Negro, tropas reais haviam sido derrotadas pelos insurgentes na província de Maynas, o que forçou a dispersão das forças monarquistas. Além disso, o oficial espanhol destacou que as forças sob o comando dos insurgentes eram de mais de mil soldados armados e disciplinados, uma informação primordial para que as autoridades do Grão-Pará avaliassem a capacidade ofensiva dos partidários da independência. Mas o que despertou a preocupação dos oficiais portugueses foi a provável tomada de Tabatinga por essas forças, algo que, segundo Mariano Lopes, estaria na mira das novas autoridades republicanas de Maynas e do Peru.[17] Localizada na margem esquerda do rio Solimões, nas imediações com a parte amazônica

---

2003; MACHADO, André Roberto de Arruda. *A quebra da mola real das sociedades*: A crise política do Antigo Regime português na Província do Grão-Pará (1821-1825). São Paulo: Editora Hucitec, Fapesp, 2010.

17 Pará, AHU_ACL_CU_013, Cx. 152, D. 11781. Ofício do governador das armas da província da Pará, brigadeiro José Maria de Moura, para o ministro e secretário de Estado dos Negócios da Guerra, Cândido José Xavier. Belém, 28-4-1822.

do Peru, Tabatinga representava, desde o século XVIII, um ponto de discórdia na demarcação dos limites hispano-portugueses no extremo norte.[18] Nos anos de 1820, as desavenças sobre sua posse eram reformuladas como parte das contendas territoriais com a nascente república peruana.

O que parecia creditar os supostos planos de invasão foi outra medida, determinada por San Martín. O Protetor do Peru havia "mandado de Guayaquil [...] à Província de Maynas calafates e construtores para fabricarem na mesma província canoas e barcos para navegação dos rios", uma medida essencial para ampliar a capacidade de locomoção de tropas na fronteira amazônica, importante na realização da guerra contra os realistas, mas que poderia ser utilizado também contra os vizinhos portugueses. As informações e conjecturas do oficial espanhol transmitidas às autoridades portuguesas poderiam ter o objetivo de conquistar o apoio delas contra os insurgentes. No entanto, os relatos desse oficial não foram menosprezados. O governador das armas da província do Grão-Pará solicitou de Lisboa maiores orientações sobre como agir naquela fronteira, sustentando que as "perturbações populares" no vizinho Peru poderiam "no futuro produzir desassossego aos habitantes da comarca do Rio Negro."[19]

---

18 BASTOS, Carlos Augusto. A demarcação de limites sob o espectro da guerra: a Província de Maynas e a Capitania do Rio Negro no final do século XVIII. *Trashumante. Revista Americana de Historia Social*, n. 3, 2014, p. 28-47

19 Pará, AHU_ACL_CU_013, Cx. 152, D. 11781. Ofício do governador das armas da província da Pará, brigadeiro José Maria de Moura, para o ministro e secretário de Estado dos Negócios da Guerra, Cândido José Xavier. Belém, 28-4-1822.

No ano de 1822, o governo do Rio Negro continuou mantendo informadas as autoridades de Belém sobre as notícias vindas do Peru e o temor de uma ação militar dos patriotas, principalmente contra Tabatinga. O governo do Rio Negro requeria auxílio para reforçar a defesa da área, tendo em vista que aquele posto fronteiriço era considerado "a chave da comarca do Rio Negro". O novo comandante patriota de Loreto, no lado peruano, comunicou-se com o capitão Caetano Alberto Teixeira Cavalcante, comandante de Tabatinga, propondo-lhe que fosse realizado um ajuste dos limites territoriais, argumentando que seria necessário para que os defensores da causa republicana pudessem se locomover para reprimir os monarquistas que fugiam pela fronteira. Mas as razões apresentadas pelo novo comandante de Loreto pareceram às autoridades do Rio Negro apenas "um pretexto de rompimento próximo" naquele espaço, reabrindo disputas territoriais que não haviam sido solucionadas nas demarcações de limites do XVIII.[20] Para o comandante de Tabatinga, além disso, os contatos mantidos com os patriotas espanhóis traziam a ameaça de desestabilização da ordem interna. As visitas a Tabatinga de patriotas deveriam ser cuidadosamente vigiadas, evitando contatos com os portugueses. No entanto, um soldado de nome Paulino José levou ao comandante português a denúncia de que, durante uma visita de patriotas ao posto de fronteira, um certo Gaspar, "servente dos espanhóis, o convidara para o partido espanhol patriota". O mesmo Gaspar

20 Pará, AHU_ACL_CU_013, Cx. 152, D. 11782. Ofício do governador das armas da província da Pará, brigadeiro José Maria de Moura, para o ministro e secretário de Estado dos Negócios da Guerra, Cândido José Xavier. Belém, 28-4-1822.

teria perguntado se outros soldados queriam aderir à sua causa para "tomarem Tabatinga".[21]

As incertezas que emanavam daqueles limites serviram de justificativa para que o governador das armas do Grão-Pará, José Maria de Moura, projetasse o envio ao Rio Negro de uma grande expedição militar, destinada à defesa dos limites com os territórios hispano-americanos. As informações prestadas pelo emigrado capitão espanhol Mariano Lopes de que estaria postado em Moyobamba, no Peru, um regimento de milícias de mil homens, e na mesma cidade existia um depósito com mais de três mil armas enviadas por ordem de San Martín, motivavam o receio de que os republicanos quisessem avançar sobre Tabatinga. O governador das armas julgou que se tratava de um contingente excessivo para Maynas, uma província que não contava com mais de doze mil moradores, e que possivelmente não seria destinado apenas à perseguição de realistas, podendo ser empregado contra os portugueses.[22]

A forma como deveriam ser conduzidas as medidas defensivas em relação às fronteiras do Rio Negro tornou-se um ponto de conflito entre a junta governativa de Belém e o governador das armas. No entendimento dos membros da junta, as notícias chegadas da fronteira peruana estavam sendo superestimadas, não justificando uma mobilização militar tão grande naquela

21 Pará, AHU_ACL_CU_013, Cx. 152, D. 11782. Ofício do governador das armas da província da Pará, brigadeiro José Maria de Moura, para o ministro e secretário de Estado dos Negócios da Guerra, Cândido José Xavier. Belém, 28-4-1822.

22 Pará, AHU_ACL_CU_013, Cx. 154, D. 11850. Ofício do governador das armas da província do Pará, José Maria de Moura, para o secretário de estado dos Negócios Estrangeiros e da Guerra, Cândido José Xavier. Belém, 21-6-1822.

área, como defendia o governador das armas. Uma expedição militar para um ponto remoto do território requereria uma extraordinária injeção de recursos para recrutar, armar e transportar homens para as proximidades com o Peru, o que estaria além das capacidades financeiras da província. Para a Junta tal expedição era não apenas inviável como também arriscada para a segurança provincial, devendo as forças militares permanecerem concentradas nas proximidades de Belém, e não diluídas nos confins do território.[23]

A argumentação dos membros da junta apoiou-se no parecer dado por autoridades que haviam servido na fronteira, como Teodósio Constantino Chermont, oficial veterano das demarcações de limites nas décadas de 1780-1790. Ao ser questionado sobre os planos de defesa do Rio Negro propostos pelo governador das armas, Chermont alertou para o maior perigo de uma invasão pelo rio Orinoco, por ser mais facilmente navegável. Para ele, um grande plano defensivo para a raia fronteiriça do Rio Negro mostrava-se uma tarefa além das possibilidades financeiras e humanas do Grão-Pará, parecendo-lhe "imprudente descobrir a cabeça para cobrir os pés", isto é, deslocar forças de Belém para os extremos do Rio Negro.[24]

Com relação especificamente à defesa de Tabatinga, considerado o alvo primordial de um possível ataque dos patriotas a partir do Peru, a argumentação apresentada pelos membros da junta sustentava-se nas considerações de Chermont, na avaliação sobre as limitações humanas e financeiras da província,

---

23 Pará, AHU_ACL_CU_013, Cx. 153, D. 11787. Carta da Junta Provisória do Pará para o Rei D. João VI. Belém, 9-5-1822.

24 Pará, AHU_ACL_CU_013, Cx. 153, D. 11787. Carta da Junta Provisória do Pará para o Rei D. João VI. Belém, 9-5-1822.

mas também nas interpretações sobre as experiências políticas em curso na vizinhança hispano-americana. As notícias que chegavam a respeito do Peru indicavam que ocorria uma guerra interna de resultados ainda incertos, o que tornava pouco provável que os patriotas locais abrissem uma nova frente de batalha contra os portugueses em um ponto remoto do território.[25] Além disso, a opinião que prevaleceu entre os membros da junta era de que havia a probabilidade, em um futuro próximo, de se estabelecerem acordos diplomáticos entre os portugueses e o governo republicano do Peru, dirimindo o perigo da guerra naquela fronteira.[26]

Para dar credibilidade a essa hipótese, a junta sediada em Belém recorreu a documentos enviados pela junta do Rio Negro, os quais atestariam que seus habitantes viviam "em paz e harmonia entre si e com os seus vizinhos limítrofes, de modo que as estrondosas aparências de guerra", relatadas pelo governador das armas, "murcharam, desapareceram e não se realizaram". Uma onerosa e complicada expedição militar seria desnecessária naquele momento, e, na opinião dos membros da junta, representaria um dispêndio de forças que poderiam guardar a fronteira caso fosse necessário *em outra situação*[27]— o que indica que a

25 A proclamação da independência na cidade de Lima, em julho de 1821, esteve longe de significar a vitória dessa causa no extenso território peruano, que se viu dividido entre áreas dominadas por republicanos e por realistas até 1824. MAZZEO DE VIVÓ, Cristina. Las vicisitudes de la guerra de la independencia del Perú, 1817-1824. *Cuadernos de Investigación*, 1/2000. Lima: PUCP/IRA, 2003.

26 Pará, AHU_ACL_CU_013, Cx. 153, D. 11787. Carta da Junta Provisória do Pará para o Rei D. João VI. Belém, 9-5-1822.

27 Pará, AHU_ACL_CU_013, Cx. 153, D. 11787. Carta da Junta Provisória do Pará para o Rei D. João VI. Belém, 9-5-1822.

possibilidade de conflito nas fronteiras não era algo descartado totalmente, mas sim *naquelas circunstâncias*.

Os perigos nas fronteiras com as repúblicas do Peru e da Colombia

Na segunda metade da década de 1820, o governo provincial do Grão-Pará, em especial as autoridades da comarca do Rio Negro,[28] prosseguiu atento às informações sobre o estado político dos territórios vizinhos.[29] A falta de efetivos para guarnecer os postos limítrofes, a carência de munições e o estado precário das fortificações constituíam reclamações da administração provincial para garantir a defesa das zonas limítrofes com os "espanhóis"[30] (como se referiam frequentemente os brasileiros em relação aos vizinhos hispano-americanos). Importava igualmente saber quais os conflitos em curso nos Estados Nacionais surgidos da desagregação do Império espanhol e as possíveis reverberações desses processos no extremo norte do Império. Havia especial atenção sobre a longa fronteira com a República da Colômbia e sobre os projetos de poder de Simón Bolívar, alvo de desconfianças entre autoridades brasileiras por suas pretensões políticas. Em seu relato de viagem do final dos anos 1820,

28 FREITAS, André Luiz dos Santos. *O Gigante abatido:* o longo processo de constituição da Província do Amazonas (1821-1850). Dissertação de Mestrado em História. São Paulo: PUC, 2010.

29 BASTOS, Carlos Augusto. O Brasil e as repúblicas hispano-americanas no vale amazônico: relações transfronteiriças (1820-1850). In: Jonas Moreira Vargas. (Org.). *Belicosas fronteira*: contribuições recentes sobre política, economia e escravidão em sociedades americanas (século XIX). Porto Alegre: Editora Fi, 2017, v. 1, p. 49-66.

30 APEP, Códice 812. Ofício do presidente da província, José de Araújo Rozo. Belém, 26-02-1825.

Henry Lister Maw escreveu que, entre oficiais e soldados destacados em Tabatinga, era "opinião geral que Bolívar tencionava apoderar-se de todas as antigas colônias espanholas, e que não era improvável tentasse depois invadir o Brasil."[31]

Preocupações dessa natureza justificavam a adoção de medidas para a defesa e vigilância das fronteiras (ainda não demarcadas) com a Colômbia. No ano de 1828, o comandante militar da comarca do Rio Negro, Joaquim Felipe dos Reis, comunicou ao governo provincial em Belém que mandara mais soldados para as fortificações limítrofes aos "colombianos nossos vizinhos". O comandante brasileiro determinou o envio de homens e armamentos para o destacamento do rio Içá (correspondente ao Putumayo no lado colombiano), assegurando ter realizado essas ações sem despertar "ciúme ou desconfiança ao governo colombiano", pois considerava essa medida "conveniente à nossa defesa no caso de provocações da parte deles".[32]

---

31 MAW, Henry Lister. *Narrativa da Passagem do Pacífico ao Atlântico.* Manaus: Associação Comercial do Amazonas, 1989, p. 161. No entanto, é preciso ressaltar a diversidade de interpretações sobre a figura de Bolívar por parte dos brasileiros, não sendo consensual a ideia de que ele constituía uma ameaça ao Império. Sobre isso, no de 1830, o representante brasileiro em Bogotá, Luiz de Souza Dias, apresentou uma avaliação otimista sobre a possibilidade de celebração de acordos entre Brasil e Colômbia "ao menos enquanto Bolívar estiver a testa dos negócios da República". Arquivo Histórico do Itamaraty (AHI). Ofícios da Legação Brasileira em Bogotá - Ofícios. Ofício de Luiz de Souza Dias ao Marquês de Aracaty. Bogotá, 22-04-1830.

32 AHI. Ofícios do governo do Pará. Ofício de Joaquim Felipe dos Reis, coronel comandante do Rio Negro, ao Barão de Bagé, presidente da província do Pará. Quartel do comando militar da comarca do Rio Negro, 06-08-1828.

Após a vitória da causa da independência na América do Sul, a década de 1820 foi marcada pela eclosão de conflitos externos entre os novos países, em que divergências na definição dos limites, gestadas na colônia, foram ressignificadas como disputas territoriais dos novos Estados Nacionais. No sul do continente, a Guerra da Cisplatina (1825-1828) representava o cenário principal dos conflitos externos do Brasil em uma área marcada por guerras desde o XVIII.[33] No oeste, o chamado incidente de Chiquitos, efêmera e frustrada negociação de incorporação da província alto-peruana ao Mato Grosso em 1825, deu margem para desconfianças das repúblicas vizinhas sobre as possíveis pretensões expansionistas da única monarquia no continente. A ausência de representação brasileira no Congresso do Panamá, em 1826, foi igualmente um sinal das tensões e desconfianças da primeira década das relações diplomáticas brasileiras com as demais nações sul-americanas.[34]

Mas a faixa limítrofe amazônica também despertou atenção, tendo em vista o contexto da guerra envolvendo Peru e Colômbia entre 1828-1829.[35] Esse conflito estava relacionado às disputas territoriais entre os dois países, como a posse de Guayaquil e das zonas amazônicas de Jaén e Maynas (esta última

---

33 SIQUEIRA, Luan Mendes de Medeiros. *O Prata em Ebulição*: As relações internacionais entre o Império do Brasil e as Províncias Unidas do Rio da Prata na Guerra da Cisplatina (1825-1828). Dissertação de Mestrado em História. Universidade Federal Rural do Rio de Janeiro, 2018.

34 SANTOS, Luís Cláudio Villafañe G. Santos. *O Brasil entre a América e a Europa:* O Império e o interamericanismo (do Congresso do Panamá à Conferência de Washington). São Paulo: Editora UNESP 2004, p. 80-81.

35 BASADRE GROHMANN, Jorge. *Historia de la República del Perú, 1822-1933*. Tomo 1. Lima: El Comercio, 2005 (capítulo 15).

limítrofe com o Brasil).[36] No que diz respeito às fronteiras amazônicas dessa disputa, tratava-se de assunto de interesse para a diplomacia brasileira, pois envolvia limites internacionais ainda não demarcados do Império.[37]

As medidas defensivas na fronteira estavam fundamentadas em informações que, vindas dos países vizinhos, indicavam o andamento dos conflitos. Em 1828, o comandante da fortaleza de Tabatinga informava que havia tomado as devidas cautelas na defesa dos limites com Peru e Colômbia. As informações que lhe chegavam do território peruano indicavam o deslocamento de tropas de Lima para a "Fronteira do Porto Maio" (rio Putumayo) e para Pebas, em Maynas. O oficial afirmou ter tido notícias sobre tropas que seriam movimentadas de Laguna para Pebas e Loreto, localidade mais próxima de Tabatinga. Conforme soube o oficial, esses deslocamentos de forças se davam em razão da guerra que a "Província de Caracas" havia declarado à "Província de Peru".[38]

Na guerra entre Peru e Colômbia, a relação com o Brasil era um elemento importante nas projeções de peruanos e colombianos sobre o conflito. O governo de Bogotá buscou o apoio brasileiro em sua contenda contra Lima. A diplomacia peruana, em sua oposição a Bolívar e receosa de um alinhamento brasileiro aos colombianos, ensaiou a aproximação com Buenos

36 CONTRERAS CARRANZA, Carlos. *El Aprendizaje de la Libertad:* Historia del Perú en el siglo de su independencia. Lima: PUCP, 2015, p. 83.

37 BARRENECHEA, Raúl. *História de los Límites del Perú/El nombre del Perú*. Lima: Fundación M.J. Bustamante De La Fuente, 2010; QUIJANO OTERO, José Maria. *Memoria Histórica sobre los Límites entre la República de Colombia i el Imperio del Brasil*. Bogotá: Biblioteca Nacional, 1869.

38 APEP, Códice 848. Ofício de Vicente Ferrer de Souza, major comandante da fortaleza de Tabatinga, para o coronel Joaquim Felipe dos Reis, comandante militar da comarca do Rio Negro. Tabatinga, 29-11-1828.

Aires, sinalizando apoio mais efetivo às Províncias Unidas em sua guerra contra os brasileiros no Prata.[39] O governo de Buenos Aires, por sua vez, também tentou criar uma aliança com as repúblicas da Colômbia e do Peru contra a Monarquia brasileira.[40] O governo imperial brasileiro, no entanto, manteve a posição de neutralidade no conflito entre Peru e Colômbia, evitando criar desavenças com os vizinhos ao norte ao mesmo tempo em que travava a guerra na fronteira sul.

A neutralidade não significou desatenção por parte dos brasileiros sobre as notícias da guerra colombo-peruana e a formulação de medidas defensivas para as fronteiras do extremo norte. Ainda que a guerra entre Peru e Colômbia não tenha envolvido diretamente o Império do Brasil, o resultado do conflito repercutiria nas reivindicações de limites com seu território. Além do mais, persistiam dúvidas entre autoridades do Império do Brasil sobre o papel de Bolívar e sua influência na geopolítica da região. Em documento trocado entre autoridades brasileiras da comarca do Rio Negro sobre o conflito entre Peru e Colômbia, constava a informação de que Bolívar havia requisitado "ao Peru uma grande soma" em dinheiro. Diante da negativa dos peruanos, "ele [Bolívar] ameaçou o Peru dizendo-lhes que a sua presença seria o sinal da guerra". "Lamar [La Mar],

39 SECKINGER, Ron. *The Brazilian Monarchy and the South American Republics, 1822-1831*. Durham, NC: Duke University Press, 1984, p.131

40 SANTOS, Luís Cláudio Villafañe Gomes. *O Império e as Repúblicas do Pacífico:* As relações do Brasil com Chile, Bolívia, Peru, Equador e Colômbia (1822-1889). Curitiba: Ed. UFPR, 2002.

Presidente do Peru, (...) se pôs na frente do Exército, e marchou para Piúra, onde dizem que espera Bolívar".[41]

O desenvolvimento do conflito também repercutia nos negócios que comerciantes do lado brasileiro mantinham nas terras vizinhas: os negociantes brasileiros já não podiam navegar pelo rio Napo, que "se acha vedado ao Brasil pelo Governo do Peru em consequência da Guerra que a Colômbia tem com esta Potência."[42]

As notícias que chegavam a partir dos contatos estabelecidos na fronteira não se limitavam a questões relacionadas aos territórios confinantes. Circulavam rumores que traziam referências a uma conjuntura mais ampla, dando conta do estado político do continente. O comandante militar da comarca do Rio Negro havia sido informado por comerciantes peruanos que negociavam com brasileiros em Tabatinga sobre a chegada de uma esquadra espanhola, contando com mais de cinquenta embarcações, à ilha de Cuba. Essa esquadra seria parte do esforço de guerra dos espanhóis para reconquistar territórios americanos. No México, já havia "cinquenta mil europeus espanhóis, e que já tinham tido uma ação," enquanto que "em Quito tinham entrado vinte mil homens, também europeus espanhóis."[43] O

---

41 APEP, Códice 848. Ofício de Vicente Ferrer de Souza, major comandante da fortaleza de Tabatinga, para o coronel Joaquim Felipe dos Reis, comandante militar da comarca do Rio Negro. Tabatinga, 29-11-1828.

42 APEP, Códice 848. Ofício de José Paulino Pires Barreiro para o coronel Joaquim Felipe dos Reis, comandante militar da comarca do Rio Negro. Barra do Rio Negro, 27-03-1829. Sobre o comércio nas fronteiras luso-espanholas do extremo norte (e depois entre Brasil e repúblicas vizinhas), ver: BASTOS, Carlos Augusto; LOPES, Siméia de Nazaré. Comercio, conflictos y alianzas en la frontera luso-española: Capitanía de Río Negro y provincia de Maynas, 1780-1820. *Procesos*: Revista Ecuatoriana de Historia v. 1, 2015, p. 83-108.

43 O tema da reconquista espanhola pairava como uma ameaça para as repúblicas hispano-americanas na década de 1820. Havia a percepção entre diferentes círculos políticos do continente sobre a probabilidade de estar em curso a organização de grandes forças militares espanholas, apoiadas

comandante do Rio Negro ponderou que as informações poderiam não ser merecedoras "de todo o crédito, por não haver impressos que as justifiquem." No entanto, ele notava que os correios vindos de Moyobamba (no Peru) não haviam chegado à

---

por partidários da monarquia nas Américas, que logo invadiriam as jovens repúblicas. Sobre esse tema, pode-se frisar os informes enviados a Bogotá pelo espião Tomás Quintero (que atuava sob o nome de Thomas Farmer), a serviço dos colombianos na Corte espanhola entre 1825-1831. Quintero/Farmer frequentemente relatou a iminente preparação de expedições militares de reconquista, contando com forte força naval e milhares de homens, que chegariam a Cuba e Porto Rico, de onde seriam redirecionadas para a invasão do México e da Colômbia. *Tomás Quintero/Thomas Farmer. Informes del espía de la República de Colombia en la corte de Fernando VII.* Bogotá: Universidad Externado de Colombia, 2012. Não se deve perder de vista, além disso, que a reconquista da América também constituiu um tema debatido na Corte de Fernando VII, resultando em ações concretas, como se deu no México na malsucedida expedição de reconquista em 1829. COSTELOE, Michel P. *La respuesta a la Independencia: La España imperial y las revoluciones hispanoamericanas, 1810-1840*. México: Fondo de Cultura Económica, 2010; GORDEJUELA URQUIJO, Jesús Ruiz de. El brigadier Barradas y la reconquista de México, 1829. *Revista de historia militar*, nº 113, 2013, p. 145-176. É interessante observar que, alguns anos mais tarde, representantes diplomáticos do Império do Brasil na Europa noticiariam rumores semelhantes sobre a ameaça à manutenção da independência brasileira, ao menos em algumas de suas províncias. No Período Regencial (1831-1840), mais especificamente entre os anos de 1831-1833, as embaixadas brasileiras em Lisboa e em Londres foram informadas de supostos planos de envio de uma esquadra portuguesa para o Maranhão, Pará, Pernambuco e Bahia, e que auxiliaria militarmente na secessão dessas províncias. Especificamente sobre o Maranhão e o Pará, Eustáquio Adolfo de Mello Mattos, representante brasileiro em Londres, informou no ano de 1831 ter tido conhecimento de que o plano de secessão dessas províncias contava com o apoio de "vários capitalistas portugueses", que já haviam oferecido "200 contos de reis para os preparativos da expedição que se pretende mandar àquelas duas províncias." BIAGGI, Marcus Vinicius Correia. *Sobre Diplomacia e Território (1831-1840)*. Edição de documentos do Arquivo Histórico do Itamaraty. Dissertação de Mestrado em História Social. Universidade de São Paulo, 2014, p.10.

fronteira, o que causava receios de que tivesse ocorrido "algum grande sucesso."[44]

As notícias que chegavam aos chefes militares locais deveriam ser levadas em conta na política defensiva para a zona fronteiriça com Peru e Colômbia. A inserção dos espaços limítrofes amazônicos no conflito colombo-peruano era atentamente acompanhada pelos oficiais na comarca do Rio Negro, que buscavam orientar as ações militares a partir das informações que circulavam mediante diferentes contatos estabelecidos nas zonas de fronteira. Ao mesmo tempo, os rumores sobre a guerra construíam expectativas de futuro mais amplas sobre o estado político dos novos países e a viabilidade dos projetos de independência no continente, onde a reconquista monárquica espanhola ainda figurava como uma possibilidade. A circulação desses rumores pelas fronteiras e a formulação de expectativas pelos sujeitos locais contribuíam para inserir os limites amazônicos em um conjunto mais amplo de questões que davam sentido às leituras e às ações políticas naquele contexto.

Na segunda metade dos anos 1820, contexto marcado por lutas internas no Império, havia ainda a preocupação de conter o trânsito pelas fronteiras de sujeitos envolvidos em atos de rebelião. Em 1829, militares do Rio Negro foram orientados a ter atenção para a "notícia de [que] Manoel Paes de Carvalho Andrade e Francisco de tal Pontes, ambos da Revolução de Pernambuco, se pretendem transportar pelo Peru, e vir pelo Amazonas." A ordem era de aprisioná-los caso entrassem no

44 APEP, Códice 848. Ofício de José Paulino Pires Barreiro para o coronel Joaquim Felipe dos Reis, comandante militar da comarca do Rio Negro. Barra do Rio Negro, 27-03-1829.

território brasileiro pela fronteira norte.[45] A "Revolução de Pernambuco" (no caso, a Confederação do Equador de 1824) representara um atentado à ordem monárquica, verbalizando críticas a Pedro I e ao texto constitucional outorgado no mesmo ano, e sinalizando o republicanismo como um projeto de futuro.[46] O movimento agregou setores das elites e camadas populares de Alagoas, Pernambuco, Paraíba, Rio Grande do Norte e Ceará, alarmando as autoridades no Grão-Pará, temerosas de que o movimento alcançasse a província.[47] A entrada de lideranças da Confederação do Equador na região poderia significar,

45 APEP, Códice 848. Ofício de Manoel Bernardino de Souza e Figueiredo ao capitão Francisco Elias de Souza. Vila Nova, 14-08-1829

46 BERNARDES, Denis Antônio de M. A gente ínfima do povo e outras gentes na Confederação do Equador. In: DANTAS, Mônica Duarte (Org.) *Revoltas, motins e revoluções:* homens livres e libertos no Brasil do século XIX. São Paulo: Alameda, 2011; MELLO, Evaldo Cabral de. *A Outra Independência:* o federalismo pernambucano de 1817 a 1824. São Paulo: Ed. 34, 2004.

47 Em julho de 1824, o governo provincial informou o ministro da justiça sobre a chegada ao porto de Belém, vindo de Pernambuco, da escuna Maria Felipa Camarão, momento quando "começaram a desenvolver-se nesta cidade partidos republicanos", o que demandou atenção das autoridades locais para coibir esses grupos. Em complemento, escreveu o presidente da província: "V. Exa. tomará muito em consideração o estado, em que se acham as Províncias do Norte, e o perigo em que elas estão pela contaminação das ideias de Pernambuco." APEP, Códice 797. Ofício da presidência da província do Pará ao Ministério da Justiça. Belém, 25-07-1824. Ver também: MACHADO, André Roberto de A. Para Além das Fronteiras do Grão-Pará: o peso das relações entre províncias no xadrez da independência (1822-1825). *Outros Tempos*, vol. 12, n.20, 2015, p.1-28; SOUZA, Sueny Diana Oliveira de. *Usos da Fronteira:* terras, contrabando e relações sociais no Turiaçu (Pará-Maranhão, 1790-1852). Curitiba: CRV, 2021.

na visão de autoridades locais, uma ameaça à ordem interna, já abalada por levantes no período.[48]

Manoel de Carvalho Paes de Andrade,[49] citado na fonte, foi presidente da província de Pernambuco e importante liderança do movimento de 1824. Com a derrota da Confederação, Manoel de Carvalho partiu para o exílio na Inglaterra, e só retornaria após a abdicação do Imperador. No entanto, corriam notícias sobre aproximações e contatos que ele e outros líderes exilados buscavam manter com brasileiros. Em Belém, segundo informou em 1826 o presidente da província, um barco britânico havia trazido "um pequeno número de cartas escritas de Londres, naturalmente do verdadeiro inimigo dos brasileiros, o sempre pérfido e execrável Carvalho." As cartas haviam sido endereçadas a comerciantes de Belém, certamente escolhendo como destinatários "os que traficam imediatamente para a Inglaterra."[50] Infelizmente, não constam informações no documento sobre o teor das cartas e de seus possíveis destinatários.

48 RAIOL, Domingos Antônio. *Motins Políticos, ou história dos principais acontecimentos políticos da Província do Pará desde o ano de 1821 até 1835*. Belém: Universidade Federal do Pará, 1970 (03 volumes). Ver também: MACHADO, André Roberto de Arruda. *A quebra da mola real das sociedades. Op. cit.*; HARRIS, Mark. *Rebelião na Amazônia* – Cabanagem, raça e cultura popular no Norte do Brasil, 1798-1840. Campinas: Ed. Unicamp, 2017; RICCI, Magda. Fronteiras da nação e da revolução: identidades locais e a experiência de ser brasileiro na Amazônia (1820-1840). *Boletin Americanista*, v. 58, p. 77-96, 2008.

49 O autor do documento cometeu um equívoco no registro do sobrenome, citando-o como Manoel Paes de Carvalho Andrade.

50 AHI. Ofícios do governo do Pará. Ofício de José Félix Pereira de Burgos, presidente da província do Pará, José Feliciano Fernandes Pinheiro, ministro e secretário dos Negócios Estrangeiros. Belém, 24-02-1826.

A possibilidade de uma rota de ingresso de Paes de Andrade pelo rio Amazonas, chegando ao Brasil a partir do território peruano, revela também os cuidados que os poderes imperiais deveriam ter em relação às fronteiras. O apoio que o líder confederado poderia contar no Peru indica a desconfiança dos representantes do Império sobre o posicionamento das autoridades dos países vizinhos, talvez propensas a apoiar defensores do republicanismo e as críticas ao sistema monárquico. Em 1826, ao discutir o projeto de introdução de uma companhia norte-americana de navegação a vapor no rio Amazonas, o presidente da província do Grão-Pará, José Félix Pereira de Burgos, mostrou-se contrário. Segundo o projeto, as embarcações norte-americanas atuariam na calha principal do rio Amazonas, conectando Belém a vilas do interior e fazendo também a conexão fluvial com a Colômbia.[51]

O presidente da província escreveu ao ministro dos negócios estrangeiros pontuando suas discordâncias sobre a viabilidade econômica da companhia, mas também seus receios políticos a respeito do contato com a vizinhança hispano-americana. Pereira de Burgos afirmou que ocorria na província a circulação de "papéis incendiários" com "notícias falsas" sobre as "proezas" que "fizeram os espanhóis do Sul" contra as tropas brasileiras em Montevidéu. Alguns desses papéis haviam sido apreendidos com comerciantes norte-americanos estabelecidos em Belém, que os divulgaram a comerciantes locais.[52] Com relação à com-

51 AHI. Ofícios do governo do Pará. Ofício de José Félix Pereira de Burgos, presidente da província do Pará, José Feliciano Fernandes Pinheiro, ministro e secretário dos Negócios Estrangeiros. Belém, 24-02-1826.

52 Essa informação prestada por Pereira de Burgos também é um indício importante para investigar os contatos políticos articulados por comercian-

panhia norte-americana de navegação a vapor, causava desconfiança ao presidente a figura de seu agente comercial, "um homem de escolha muito adequada para transmitir semelhantes ideias, porquanto fala muito perfeitamente o espanhol, esteve na América do Sul, que é muito fino e dissimulado."[53]

Informações sobre os conflitos no Prata circulavam frequentemente no Grão-Pará através da publicação de informes sobre a guerra, e eram divulgadas em atos oficiais em diferentes localidades da província.[54] A Guerra da Cisplatina não configurava uma questão alheia à política de segurança no extremo norte amazônico. Notícias sobre os sucessos dos "espanhóis do Sul" poderiam minar o apoio ao esforço de guerra. Elas, como escrevia Pereira de Burgos, poderiam ainda ser divulgadas nas zonas amazônicas dos países vizinhos, transmitindo a ideia de um Império em desvantagem nos conflitos internacionais. As considerações apresentadas pelo presidente da província também expõem as conexões e complementaridades das fronteiras imperiais e das relações estabelecidas com as repúblicas vizinhas.

Considerações finais

As interpretações das autoridades portuguesas (e depois brasileiras) sobre a possibilidade da eclosão de conflitos bélicos

---

tes no Brasil e norte-americanos nesse contexto. Ver: FITZ, Caitlin A. "A Stalwart Motor of Revolutions": An American Merchant in Pernambuco, 1817-1825. *The Americas*, Vol. 65, No. 1 (Jul., 2008), p. 35-62.

53 AHI. Ofícios do governo do Pará. Ofício de José Félix Pereira de Burgos, presidente da província do Pará, José Feliciano Fernandes Pinheiro, ministro e secretário dos Negócios Estrangeiros. Belém, 24-02-1826.

54 APEP, Códice 824. Ofício do presidente do Grão-Pará ao ministro secretário de Estado dos Negócios Estrangeiros, Visconde de Inhampube. Belém, 30/08/1826.

nas zonas limítrofes da Amazônia se vinculavam a leituras mais amplas sobre o contexto. As questões referentes às fronteiras do extremo norte estavam relacionadas a tensões, desafios e possibilidades que marcaram as crises das monarquias ibéricas, dissolução dos impérios espanhol e português nas Américas e formação dos novos Estados Nacionais entre as décadas de 1810-1820. Os rumores de conflitos que, partindo dos limites hispano-americanos, poderiam se espraiar pelo Rio Negro e pelo Pará, ameaçando o território e a tranquilidade interna, se conectavam a outros: as alianças revolucionárias hispano-americanas contra a Monarquia portuguesa, o apoio dos vizinhos a emissários rebeldes do Brasil, a propaganda contra o Império do Brasil durante a Guerra da Cisplatina. Ao pensar as fronteiras como partes integrantes de conjuntos sociais e políticos mais amplos, é possível dimensionar as relações entre as projeções políticas locais e globais sobre a possibilidade da guerra nas zonas limítrofes amazônicas.

O controle dos limites externos e a manutenção da ordem interna se integravam igualmente nas projeções sobre a possibilidade da guerra e na adoção de medidas defensivas nas fronteiras. O contato com as forças republicanas na Guayana poderia dar margem para a pretensa ação dos rebeldes de Pernambuco para desestabilizar a monarquia lusa, ao mesmo tempo em que a guerra racial na Nova Granada e Venezuela trazia à luz um exemplo que remetia ao fantasma da experiência revolucionária no Haiti. A organização da expedição para a segurança contra os rebeldes no Peru poderia debilitar a segurança interna do Pará. Já nos anos 1825-1829, havia rumores sobre a entrada de emissários da Confederação do Equador através da fronteiras, o que representaria novas ameaças em uma província já atravessada por conflitos.

Além disso, deve-se atentar para o entendimento integrado dos limites amazônicos a outros espaços do Império. O distante teatro da guerra na região do Prata, na segunda metade dos anos 1820, ditava também questões para pensar as relações (e medidas de controle e defesa) no extremo norte, como pode-se inferir a partir das considerações do presidente da província, Pereira Burgos, sobre a circulação no Grão-Pará de notícias contrárias ao Brasil. A inserção das fronteiras amazônicas em novas unidades territoriais independentes colocava em pauta a relação desses espaços com os novos conjuntos territoriais, em que se estabeleciam articulações entre os conflitos que ocorriam em diferentes segmentos dos territórios nacionais. A gestão das fronteiras deveria estar abertas às possibilidades de conflitos e alianças, algo que informa as variações e imprevisibilidades que marcaram a dissolução dos impérios e construção dos Estados Nacionais nas zonas extremas desses territórios.

Referências bibliográficas

BARRENECHEA, Raúl. *História de los Límites del Perú/El nombre del Perú*. Lima: Fundación M.J. Bustamante De La Fuente, 2010.

BASADRE GROHMANN, Jorge. *Historia de la República del Perú, 1822-1933*. Tomo 1. Lima: El Comercio, 2005.

BASTOS, Carlos Augusto. A demarcação de limites sob o espectro da guerra: a Província de Maynas e a Capitania do Rio Negro no final do século XVIII *Trashumante*. Revista Americana de Historia Social, núm. 3, 2014, p. 28-47.

BASTOS, Carlos Augusto. *No Limiar dos Impérios*: a fronteira entre a Capitania do Rio Negro e a Província de Maynas. Projetos, circulações e experiências (c.1780-c.1820). São Paulo: HUCITEC, 2017.

BASTOS, Carlos Augusto. O Brasil e as repúblicas hispano-americanas no vale amazônico: relações transfronteiriças (1820-1850). In: MOREIRA, Jonas Vargas. (Org.). *Belicosas fronteira*: contribuições recentes sobre política, economia e escravidão em sociedades americanas (século XIX). Porto Alegre: Editora Fi, 2017, v. 1, p. 49-66.

BASTOS, Carlos Augusto; LOPES, Siméia de Nazaré. Comercio, conflictos y alianzas en la frontera luso-española: Capitanía de Río Negro y provincia de Maynas, 1780-1820. *Procesos*: Revista Ecuatoriana de Historia v. 1, 2015, p. 83-108.

BERNARDES, Denis Antônio de M. A gente ínfima do povo e outras gentes na Confederação do Equador. In: DANTAS, Mônica Duarte (Org.) *Revoltas, motins e revoluções:* homens livres e libertos no Brasil do século XIX. São Paulo: Alameda, 2011.

BIAGGI, Marcus Vinicius Correia. *Sobre Diplomacia e Território (1831-1840).* Edição de documentos do Arquivo Histórico do Itamaraty. Dissertação de Mestrado em História Social. Universidade de São Paulo, 2014.

BRITO, Adilson Júnior Ishihara. *Insubordinados Sertões.* O Império português entre guerras e fronteiras no norte da América do Sul - Estado do Grão-Pará, 1750-1820. Doutorado em História. Universidade de São Paulo, 2016.

CONTRERAS CARRANZA, Carlos. *El Aprendizaje de la Libertad:* Historia del Perú en el siglo de su independencia. Lima: PUCP, 2015.

COSTELOE, Michel P. *La respuesta a la Independencia:* La España imperial y las revoluciones hispanoamericanas, 1810-1840. México: Fondo de Cultura Económica, 2010.

CRESPO, Alberto. "La Independencia desde el Sur." In: Germán CARRERA DAMAS (ed.). *Historia de América Andina*. Volumen 4: Crisis del Régimen Colonial e Independencia. Quito: Universidad Simón Bolívar, 2003, p. 241-267.

FITZ, Caitlin A. "A Stalwart Motor of Revolutions": An American Merchant in Pernambuco, 1817-1825. *The Americas*, Vol. 65, No. 1 (Jul., 2008), p. 35-62.

FREITAS, André Luiz dos Santos. *O Gigante abatido*: o longo processo de constituição da Província do Amazonas (1821-1850). Dissertação de Mestrado em História. São Paulo: PUC, 2010.

GÓMEZ GONZÁLEZ, Sebastián. "A Guerra da Orelha de Jenkins". Historias entrelaçadas em contextos anglo-hispânicos (1739-1748). In: BRITO, Adilson J.I., BASTOS, Carlos Augusto (orgs.) *Entre Extremos*. Experiências fronteiriças e transfronteiriças nas regiões do Rio Amazonas e Rio da Prata-América Latina, séculos XVI-XX. Curitiba: Editora CRV, 2018, p. 81-104.

GORDEJUELA URQUIJO, Jesús Ruiz de. El brigadier Barradas y la reconquista de México, 1829. *Revista de historia militar*, Nº 113, 2013.

GUTIÉRREZ ARDILLA, Daniel. *1819*. Campaña de la Nueva Granada. Bogotá: Universidad Externado de Colombia, 2019.

HARRIS, Mark. *Rebelião na Amazônia*: Cabanagem, raça e cultura popular no Norte do Brasil, 1798-1840. Campinas: Ed. Unicamp, 2017.

HENRY, Monica. Un champ d'observation pour les États-Unis: la révolution au Río de la Plata. In: HÉBRARD, Véronique, VERDO, Geneviève (ed.). *Las Independencias Hispanoamericanas*. Un objeto de historia. Madrid: Casa de Velázquez, 2013, p.291-304.

IBÁÑEZ BONILLO, Pablo. "Entre sustos y alegrias": Noticias y rumores en las fronteras amazónicas durante la Guerra Fantástica (1762-1763). *Anuario de Estudios Americanos*, vol. 78, N. 2, 2021, p. 469-500.

JAVIER CASTRO, Oscar. Circulación de informaciones y experiências entre Brasil, Nueva Granada y Venezuela en la formación de la República de Colombia, 1817-1819. *Procesos-Revista Ecuatoriana de Historia*, n. 53 (enero-junio2021), p. 45-76.

MACHADO, André Roberto de A. Para Além das Fronteiras do Grão-Pará: o peso das relações entre províncias no xadrez da independência (1822-1825). *Outros Tempos*, vol. 12, n.20, 2015, p.1-28.

MACHADO, André Roberto de Arruda. *A quebra da mola real das sociedades*: A crise política do Antigo Regime português na Província do Grão-Pará (1821-1825). São Paulo: Editora Hucitec, Fapesp, 2010.

MARCHENA FERNÁNDEZ, Juan. Del Tajo al Amazonas y al Plata. Las repercusiones atlánticas de las guerras entre las coronas española y portuguesa en la Edad Moderna. In: REITANO, Emir, POSSAMAI, Paulo (coord.). *Hombres, Poder y Conflicto*. Estudios sobre la frontera colonial sudamericana y su crisis. Universidad Nacional de La Plata, 2015, p. 12-115.

MAW, Henry Lister. *Narrativa da Passagem do Pacífico ao Atlântico*. Manaus: Associação Comercial do Amazonas, 1989.

MAZZEO DE VIVÓ, Cristina. Las vicisitudes de la guerra de la independencia del Perú, 1817-1824. *Cuadernos de Investigación*, 1/2000. Lima: PUCP/IRA, 2003.

MELLO, Evaldo Cabral de. *A Outra Independência*: o federalismo pernambucano de 1817 a 1824. São Paulo: Ed. 34, 2004.

MOREL, Marco. *A Revolução do Haiti e o Brasil Escravista*. O que não deve ser dito. Jundiaí: Paco Editorial, 2017.

PIMENTA, João Paulo. *Tempos e Espaços das Independências*. A inserção do Brasil no mundo ocidental (1780-1830). São Paulo: Intermeios, 2017.

QUIJANO OTERO, José Maria. *Memoria Histórica sobre los Límites entre la República de Colombia i el Imperio del Brasil*. Bogotá: Biblioteca Nacional, 1869.

RABELO, Pedro Henrique de Mello. *Amizade, Comércio e Navegação*: o Tratado de 1829 e as relações político-mercantis entre o Brasil e os Estados Unidos na formação do Império Brasileiro (1808-1831). Dissertação de mestrado em História. Universidade Federal de Ouro Preto, 2017.

RAIOL, Domingos Antônio. *Motins Políticos, ou história dos principais acontecimentos políticos da Província do Pará desde o ano de 1821 até 1835*. Belém: Universidade Federal do Pará, 1970 (03 volumes).

REIS, Arthur Cezar Ferreira. Neutralidade e boa vizinhança no início das relações entre brasileiros e venezuelanos. Documentário. *Revista do Instituto Histórico e Geográfico Brasileiro*, vol. 235, abr.-jun. 1957.

RICCI, Magda. Fronteiras da nação e da revolução: identidades locais e a experiência de ser brasileiro na Amazônia (1820-1840). *Boletin Americanista*, v. 58, p. 77-96, 2008.

SANTOS, Luís Cláudio Villafañe G. Santos. *O Brasil entre a América e a Europa:* O Império e o interamericanismo (do Congresso do Panamá à Conferência de Washington). São Paulo: Editora UNESP 2004.

SANTOS, Luís Cláudio Villafañe Gomes. *O Império e as Repúblicas do Pacífico:* As relações do Brasil com Chile, Bolívia, Peru, Equador e Colômbia (1822-1889). Curitiba: Ed. UFPR, 2002.

SECKINGER, Ron. *The Brazilian Monarchy and the South American Republics, 1822-1831*. Durham, NC: Duke University Press, 1984.

SIQUEIRA, Luan Mendes de Medeiros. *O Prata em Ebulição*: As relações internacionais entre o Império do Brasil e as Províncias Unidas do Rio da Prata na Guerra da Cisplatina (1825-1828). Dissertação de Mestrado em História. Universidade Federal Rural do Rio de Janeiro, 2018.

SLEMIAN, Andréa & PIMENTA, João Paulo G. *O "nascimento político" do Brasil*: as origens do Estado e da nação (1808-1825). Rio de Janeiro: DP&A, 2003.

SOUZA, Sueny Diana Oliveira de. *Usos da Fronteira:* terras, contrabando e relações sociais no Turiaçu (Pará-Maranhão, 1790-1852). Curitiba: CRV, 2021.

THIBAUD, Clément. *República en Armas*. Los ejércitos bolivarianos en la guerra de Independencia de Colombia y Venezuela. Bogotá: IFEA, 2003.

Tomás Quintero/Thomas Farmer. Informes del espía de la República de Colombia en la corte de Fernando VII. Bogotá: Universidad Externado de Colombia, 2012.

Sobre o autor

Carlos Augusto Bastos é Doutor em História (USP, 2013). Professor da Faculdade de História, UFPA-Campus Universitário Ananindeua, e do Programa de Mestrado em Rede em Ensino de História (ProfHistória).

Do exílio da corte à independência: portugueses e brasileiros nos (des)caminhos da política e da guerra (1807-1822)

Daniel Estudante Protásio

Portugal e Brasil encontram-se na encruzilhada de vários bicentenários, um dos quais o do grito do Ipiranga (a 7 de Setembro de 2022). Outros, o da constituição portuguesa de 23 de Setembro de 1822. Essa constitui a realidade macro-histórica. Mas a nível micro-histórico, o que se conhece do papel de certos súbditos de D. João VI no processo brasileiro de secessão, sobretudo, dos que não puderam desembarcar em Lisboa a 4 de Julho de 1821? Das suas relações entre si? E do seu percurso, anterior e posterior? É a essas e a outras interrogações que o presente capítulo se propõe responder: partindo de episódios históricos concretos, entender que resistências mútuas se evidenciam entre brasileiros e portugueses, alguns deles absolutistas, outros liberais, nos conflitos ideológicos e bélicos coevos. Pois, conforme reitera o prussiano Carl von Clausewitz (1780-1831), a guerra nada mais é do que a continuação da política por outros meios.

Introdução

Os anos de 2007 a 2034 constituem, para o mundo luso-brasileiro, um verdadeiro viveiro de bicentenários, fenómeno cultural que ganha inesperado vigor. Da saída da corte para o Brasil, aquando da Primeira Invasão Francesa (1807), à chamada revolução liberal portuguesa de 1834; dos movimentos militares vintistas do Porto, do Rio de Janeiro e da Bahia (1820-1821), às abdicações em D. Maria II e D. Pedro II (1826 e 1831); passando pelos textos constitucionais dos anos de 24 e de 26; pelas experiências parlamentares das cortes liberais de 1826-28 e tradicionais de Lisboa de 1828: a historiografia sobre a realidade de língua oficial portuguesa pode (e deve) ganhar uma renovação profunda, revivificadora. Disso constitui exemplo a proposta da evocação dos acontecimentos contrarrevolucionários de 27 de Maio de 1823 e de 30 de Abril de 1824 (conhecidos, em Portugal, por Vila-Francada e Abrilada).[1] Eventos de 1820 em diante, à distância de dois séculos, que permanecem envoltos na bruma da lenda e do mistério, tão prejudiciais ao conhecimento documentado, sereno e participado, de sociedades que se requerem democráticas e informadas.

Neste contexto, este estudo pretende, à sua escala, carrear materiais insuspeitados para o debate científico, metodológico e cultural em curso.

Por outro lado, não pode deixar de ser central, numa obra sobre o tema bélico, que se explique o enquadramento da refle-

1 A organizar pelo Centro de História da Universidade de Lisboa e pelo CITCEM (Centro de Investigação Transdisciplinar "Cultura, Espaço e Memória") da Universidade do Porto (Portugal). A Vila-Francada e a Abrilada constituem movimentos contrarrevolucionários, absolutistas, políticos e militares, nos quais se destacaram a rainha D. Carlota Joaquina e o infante D. Miguel (mais tarde rei D. Miguel I).

xão a que me dedico. Parto de uma realidade humana, na qual 14 individualidades, nascidas entre 1756 e 1791, *caem no desagrado* das Cortes Extraordinárias do Reino Unido de Portugal, Brasil e Algarves, reunidas em Lisboa a 3 de Julho de 1821 e proibidas de desembarcar com a corte, retornada nesse dia. Melhor dito: a coalização vintista, saída da revolução de 24 de Agosto de 1820, considera tais homens *personae non gratae*. Entre eles, quatro militares, os quais alcançarão o topo das respectivas carreiras – a seu tempo, futuros tenentes-generais e um almirante. A arte e a ciência da guerra, porém, não andam separadas de outras áreas da administração da *res publica*: seja da fazenda, dos negócios diplomáticos, seja da supervisão da casa do soberano, da consorte ou da família. Daí que sejam aqui aflorados temas como os das guerras internacionais de Portugal e do Brasil, entre as duas nações e conflitos internos que se mantêm depois de 1822.

O regresso de D. João a Lisboa (3-4 de Julho de 1821)

A historiadora Isabel Nobre Vargues identifica Tomás António Vila Nova Portugal e João Severiano Maciel da Costa como exemplos dos ministros e conselheiros régios que se pronunciam contra o regresso da corte a Portugal – possivelmente, uma das causas para que não lhes seja permitido acompanhar o rei no desembarque em Lisboa, proibição ocorrida a 3 de Julho de 1821.[2] A mesma autora destaca que as cortes vintistas recuperam o "antiquíssimo" *Regimento de entradas de Lisboa* do rei D. Manuel I, de 30 de Agosto de 1502, equiparando D. João VI ao

2 Por uma questão de economia de espaço, não são aqui estudados os percursos de 5 das 18 figuras proibidas de desembarcar, a saber: os condes de Palmela e de Parati, o desembargador e estadista Tomás António de Vila Nova Portugal e os monsenhores Miranda e Almeida (Costa 2021, p. 109).

"grande vulto da gesta dos Descobrimentos". Recorde-se que o então regente D. João partira do Tejo a 30 de Novembro de 1807. Agora, quase catorze anos depois, faz-se acompanhar por um séquito de cerca de 4 mil pessoas. entre elas ministros, oficiais, diplomatas e respectivas famílias, "além dos deputados pelas cortes do Rio de Janeiro".[3]

A 3 de Julho de 1821, nas Ordens das Cortes Portuguesas dirigidas ao conde de Sampaio, presidente da regência, é peremptoriamente afirmado que

> [D. João VI,] [...] acompanhado de várias pessoas, que têm incorrido na indignação pública, por serem geralmente conhecidas por autores das desgraças da sua pátria [...]", determinou que fosse proibido "[...] que semelhantes pessoas desembarquem, e *venham assim perturbar o público regozijo, com que Sua Majestade é esperado pelo heroico povo português*". Os indivíduos abrangidos por aquela disposição foram [...] Rodrigo Pinto Guedes, Francisco Bento Maria Targini, o[s] visconde[s] de Rio Seco, [...], João Severiano Maciel [da Costa] e os Lobatos, guarda-roupas da Casa Real (Matias António, José Joaquim e Francisco José Rufino de Sousa Lobato), barões e viscondes de Magé e de Vila Nova da Rainha".[4]

---

3 VARGUES, In Mattoso (dir.) 1993, V, p. 63.

4 COSTA 2021, p. 109. Isabel Nobre Vargues indica especificamente que a vários dos conselheiros régios foi aplicada a pena de exílio da capital, depois de terem desembarcado em Lisboa – entre eles, o conde de Palmela e os viscondes de Rio Seco e de Vila Nova da Rainha (Vargues, in Mattoso (dir.), 1993 ,V, p. 63).

Vejamos, preliminarmente, alguns traços destes *oito indivíduos*, acusados de constituírem inimigos do rei e da nação transcontinental, a 3 de Julho de 1821, em Lisboa (e proibidos de acompanharem o rei no desembarque do dia seguinte). *Servem o regente e rei D. João VI, tanto em Portugal, como no Novo Mundo, de pelo menos 1807 a 1822 e são agraciados por D. Pedro I do Brasil, a partir da independência brasileira*:

- Rodrigo Pinto Guedes, Francisco Bento Maria Targini e João Severiano Maciel da Costa, respectivamente com os títulos de barão do Rio da Prata, de barão e visconde de São Lourenço e de visconde e marquês de Queluz;

- o 1º barão e 1º visconde de Rio Seco (1761-1835), com a Grandeza em 1822 e o marquesado de Jundiaí em 1826; e o 2º barão e 2º visconde (1790-1843), o qual pôde usar os títulos nobiliárquicos em vida do progenitor.

- os barões e viscondes de Magé (1º e 2º, Matias António e José Joaquim de Sousa Lobato) e de Vila Nova da Rainha (Francisco José Rufino de Sousa Lobato) bandeiam-se para o ramo familiar do rei absoluto português, D. Miguel I.

Um *nono indivíduo* é o barão, visconde e marquês de Santo Amaro (José Egídio Álvares de Almeida), diplomata e estadista. Partilha com os anteriores o facto de ter *nascido entre os anos de 1756 e 1770*.

Os *restantes cinco nomes* em análise, nascidos entre 1772 e 1791, são:

- Felisberto Caldeira Brant Pontes de Oliveira Horta (1772-1842);

- Luís do Rego Barreto (1777-1840);

- Francisco Gomes da Silva, dito o Chalaça (1791-1852);

- João da Rocha Pinto (1791-1837);

- e Francisco José Vieira (de quem se ignoram as datas de nascimento e óbito), ministro dos Estrangeiros de D. João VI no Brasil (1821-1822) e de D. Miguel I em Portugal (1834).

Estas 14 individualidades, todas masculinas, nascidas portuguesas, mas várias optando pela cidadania brasileira, serão interpretadas em seguida, nas características que as aproximam e nas singularidades que as diferenciam.

Rasto bibliográfico-documental evidenciado

É crucial elencar a informação disponível, de forma a sistematizá-la, permitindo a sua fácil e rápida apreensão pelo leitor, ávido de entender o passado, que se evoca de forma necessariamente crítica e reflexiva. Dos séculos passados surgem evidências biográficas, documentais e bibliográficas que a acção da natureza e humana não truncou, como os que se organizam nos *quadros 1 a 5*.

Quadro 1: 14 personalidades em estudo, nascidas entre 1756 e 1791 e falecidas entre 1827 e 1852

Nome civil	Títulos nobiliárquicos	Evidências administrativas
Francisco Bento Maria Targini (1756-1827)	Barão (1811) e visconde (1819) de São Lourenço	Escrivão da Fazenda Real (1776), Conselheiro da Fazenda (1808), Título do Conselho (1808). Tesoureiro-mor da Casa Real ([5]).
Joaquim José de Azevedo (1761-Rio de Janeiro, 1835)	1º barão (1813) e 1º visconde de Rio Seco (1818); Grande do Brasil (1822); 1º marquês de Jundiaí (1826)	Escrivão dos filhamentos, tesoureiro da Casa Real e da Real Capela, almoxarife dos Paços Reais, comprador dos guarda-roupas do Paço, coroa e cavalariças reais, fiel do bolsinho régio.[6] Autor de memórias justificativas (1821).
Rodrigo Pinto Guedes (1762- 1845)	Barão do Rio da Prata	**Almirante. Implicado no motim da Bahia de Fevereiro de 1821, juntamente com Felisberto Caldeira Brant. Comandante da esquadra imperial do Rio da Prata (1826-1828).** Autor de memórias justificativas (1829 e 1830).
José Egídio Álvares de Almeida (1767-1832)	Barão, visconde e marquês de Santo Amaro	Secretário particular, ministro das Relações Exteriores e presidente do Senado. Autor de correspondência de expediente publicada e inédita.
Matias António de Sousa Lobato (1769-1827)	1º barão e 1º visconde de Magé	
João Severiano Maciel da Costa (1769-1833)	Visconde e marquês de Queluz	Do Conselho, desembargador do Paço. Ministro do Império [Primeiro-ministro] e ministro da Fazenda. Autor de memória justificativa (1821).

5 https://www.arqnet.pt/dicionario/saolourencobv.html (consultado a 23 de Agosto de 2022).

6 Zúquete 1960 III, p. 637.

Joaquim José de Sousa Lobato (1770-1837)	2º barão e 2º visconde de Magé	Porteiro da Real Câmara (1831-1834).
Felisberto Caldeira Brant Pontes de Oliveira Horta (1772-1842)	Visconde (com Grandeza) e marquês de Barbacena	*Implicado em (e repressor do) motim da Bahia de fevereiro de 1821, tenente-general graduado,* senador, *comandante-em-chefe das tropas na Guerra Cisplatina.* Ministro do Império e da Fazenda (1825-1826). Ministro da Fazenda (1829-1830). Conselheiro de Estado (1830). Diplomata.
Francisco José Rufino de Sousa Lobato (1773-1830)	1º Barão e 1º visconde de Vila Nova da Rainha	Porteiro da Real Câmara (1807-1826), Secretário do Estado e Casa do Infantado (1824-1828). *Governador da Fortaleza de Santa Cruz da Barra (Rio de Janeiro) e Tenente-general do Exército de D. Maria I.*
Luís do Rego Barreto (1777-1840)	Visconde de Geraz do Lima	*Derrotado pela convenção de Beberibe, que marca a derrota das tropas portuguesas em Pernambuco (5 de outubro de 1821).*
João Carlos de Azevedo (1790-1843)	2º barão (1815) e 2º visconde (14 de maio de 1821, com Grandeza) de Rio Seco[7]	
João da Rocha Pinto (1791-1837)		Superintendente das Imperiais Fazendas e Quintas, veador das imperatrizes D. Leopoldina e D. Amélia. Diplomata.
Francisco Gomes da Silva [Chalaça] (1791-1852)	Filho putativo do 1º barão e 1º visconde de Vila Nova da Rainha, Francisco José Rufino de Sousa Lobato (1773-1830)	Conselheiro e diplomata. Autor de memória justificativa (1831).
Francisco José Vieira (?-?)		Ministro dos Estrangeiros de D. João VI no Brasil (1821-1822) e de D. Miguel I em Portugal (Maio de 1834).

Fonte: dados do pesquisa.

7 Zúquete III 1960, p. 233-234.

Quatro dos 14 elementos em estudo (28.57%) deixam memória escrita, como é constatável no quadro 2. A produção de memórias ditas justificativas é de notória importância, ao reconstituir, pela mão do próprio, contextos de produção que, de outro modo, dificilmente poderiam ser vislumbrados, dada a escassez de ferramentas científicas: dicionários biográficos, biografias críticas e prosopografias que estudem as redes de sociabilidade política, diplomática e ideológica.

Por outro lado, há que explicar, em boa verdade, que a coincidência de atribuição ou existência, na nobreza portuguesa e brasileira, de títulos nobiliárquicos foneticamente iguais – Barbacena, Queluz, São Lourenço,[8] nos reinados de D. Pedro I e de D. Miguel I – constitui um de dois factores que dificultam o conhecimento de pormenores micro-históricos decisivos deste período. Sendo o segundo um repúdio, muito republicano, de acoplar aos nomes civis os respectivos títulos aristocráticos, visível (por exemplo) na abordagem das elites militares, diplomáticas e políticas ao serviço quer de D. Miguel I, quer de D. Maria II.

8 De facto, enquanto em Portugal os condes de Barbacena e de São Lourenço servem D. Miguel como chefe de Estado-Maior do Exército e Ministro da Guerra e o 1º barão e 1º visconde de Queluz desempenha as funções de secretário de Estado e da Casa do Infantado (1828-1829), no Brasil os viscondes e marqueses de Barbacena (Felisberto Caldeira Brant) e de Queluz (João Severiano Maciel da Costa) e o barão e visconde de São Lourenço (Francisco Bento Maria Targini) evidenciam-se enquanto estadista e diplomata (Barbacena), magistrado e estadista (Queluz) e tesoureiro-mor da Casa Real e estadista (São Lourenço).

Quadro 2: autores de exposições e memórias justificativas, 1821-1831

Nome civil	Títulos nobiliárquicos	Evidências bibliográficas
Joaquim José de Azevedo (1761-1835)	1º barão (1813) e 1º visconde de Rio Seco; Grande do Brasil (1822); 1º marquês de Jundiaí (1826)	*Breve exposição do comportamento público do Visconde de Rio Seco*, Lisboa, na Imprensa Nacional, 1821, 20 pp.
		Exposição analítica e justificativa da conduta e vida pública do Visconde de Rio Seco desde o dia 25 de novembro de 1807..., Rio de Janeiro, Imprensa Nacional, 1821.
		Apêndice ou exposição resumida dos passos, que o Visconde de Rio Seco tem dado para defender-se de qualquer calúnia. Que pudesse ter sido origem..., 9 pp.
Rodrigo Pinto Guedes (1762- 1845)	Barão do Rio da Prata	*Defesa do Almirante Pinto Guedes, Barão do Rio da Prata, perante o Conselho de Guerra, a que respondeu pelo comando da esquadra imperial do Rio da Prata, de que fora encarregado...*, Tipografia de Torres, 1829, 128 pp. + 1 de errata
		Echec et mat à impostura do Ilustríssimo e Excelentíssimo Senhor João Severiano Maciel da Costa, Marquês de Queluz, Grã-Cruz da Imperial Ordem do Cruzeiro, Conselheiro de Estado, Senador do Império, Ex-Presidente da Província da Bahia, Ex-Desembargador do Paço, Ex-Ministro [e] Secretário de Estado de diversas Repartições [...], etc., pelo Almirante Rodrigo Pinto Guedes, Barão do Rio da Prata, Rio de Janeiro, na Tipografia do Diário, 1830, 121 pp.
João Severiano Maciel da Costa (1769-1833)	Visconde e marquês de Queluz	*Apologia que dirige... à Nação Portuguesa a fim de se justificar das imputações que lhe fazem homens obscuros, as quais deram causa ao decreto de 5 de junho e à providência comunicada no aviso de 11 de julho do corrente ano de 1821, Coimbra, Imprensa da Universidade*, 32 pp.
Francisco Gomes da Silva [Chalaça] (1791-1852)		*Memórias oferecidas à Nação Brasileira pelo conselheiro...*, Londres, L. Thompson, 1831, 168 pp.

Fonte: dados do pesquisa.

Quadro 3: autores de correspondência administrativa com condes da Barca e de Linhares, 1807-1812

Nome civil	Títulos nobiliárquicos	Evidências bibliográficas e documentais
José Egídio Álvares de Almeida (1767-1832)	Barão, visconde e marquês de Santo Amaro	Coronel José Baptista Barreiros, Correspondência inédita entre o conde da Barca e José Egídio Álvares de Almeida, secretário particular de El-Rei D. João VI. Com um estudo prévio, Lisboa, 1962.[9]
		Correspondência mantida com o conde de Linhares, Biblioteca Nacional de Portugal, Reservados, Códices 8751-8753.

Fonte: dados do pesquisa.

Quadro 4: figuras que morrem no exílio, 1827-1852

Nome civil	Títulos nobiliárquicos	Evidências
Francisco Bento Maria Targini (1756-1827)	Barão de São Lourenço	Morre em Paris.
Rodrigo Pinto Guedes (1762-1845)	Barão do Rio da Prata	Morre em Paris.
João da Rocha Pinto (1791-1837)		Suicida-se, em Lisboa, depois de perder a fortuna a favor da causa liberal portuguesa.
Francisco Gomes da Silva [Chalaça] (1791-1852)		Morre em Lisboa.

Fonte: dados do pesquisa.

Uma das evidências encontradas é a da epistolografia familiar: é o caso da correspondência do bibliotecário da Biblioteca Pública do Rio de Janeiro, Luís Joaquim dos Santos Marrocos, sobretudo para o pai, que ficara em Portugal. Tais

9 Coronel José Baptista Barreiros, *Correspondência inédita entre o conde da Barca e José Egídio Álvares de Almeida, secretário particular de El-Rei D. João VI*. Com um estudo prévio, Lisboa, 1962

missivas servem de caixa de ressonância dos chistes populares contra Joaquim José de Azevedo e Francisco Bento Maria Targini, que em 1812 são acusados de roubar os bens sob a sua administração corrente:

> Entre os muitos pasquins, que aqui têm alguns mordazes publicado contra Joaquim José de Azevedo e o Targini, não me parecem desprezíveis os dois seguintes, que transcrevo havendo outros sem graça e facécia própria desta qualidade de escritos:
>
> 1º
>
> Furta Azevedo no Paço,
>
> Targini furta no Erário;
>
> E o povo aflito carrega
>
> Pesada cruz no Calvário.[10]

Porém, meses depois Luís Joaquim dos Santos Marrocos reconhece que sem a intervenção do *capitalista* Azevedo, nenhuns pagamentos eram garantidos pela Coroa: "É aqui [Rio de Janeiro] bem manifesta a escassez dos pagamentos nas diferentes Repartições e não menos a irregularidade com que eles aí [Lisboa] se praticam: aqui sucede com pouca diferença o mesmo; e para se pagar este último quartel, foi necessário que o barão de Rio Seco adiantasse os dinheiros precisos».[11] Notável é que tão prematuramente quanto 1812 seja diagnosticado o problema de liquidez, que valerá a Joaquim José de Azevedo ser impedido,

10 Marrocos 2008, carta 15, de 29 de Fevereiro de 1812, p. 111.

11 Marrocos 2008, carta 31, de 8 de Novembro de 1812, p. 154.

em 1821, de desembarcar em Lisboa pelas cortes soberanas. A condição acumulada de tesoureiro e financiador da coroa, numa época em que aquelas formalizariam, a 31de dezembro seguinte, a fundação do banco de Lisboa, desagradaria, porventura, a muitos deputados portugueses, pouco propensos a uma solução centrada no capital de um único indivíduo.

Na *Breve exposição do comportamento público do Visconde de Rio Seco*, saído nesse mesmo ano na cidade sobranceira ao Tejo, pelos prelos da Imprensa Nacional, Azevedo evidencia uma insuspeita ética de serviço da coroa, numa tipologia de cunho memorialístico e justificativo, tradicional da Época Moderna portuguesa desde (pelo menos) a Restauração (1640-1668). No caso do visconde de Rio Seco, figura vilipendiada em ambos os hemisférios, procura demonstrar que se pauta de modo constante por uma actuação irrepreensível, a nível financeiro e contabilístico, de 1807 em diante. Para esse efeito, elenca as quitações que lhe são passadas pelas diferentes autoridades supervisoras em 1812, 1813 e 1821, ilibando-o de qualquer prática ilícita.[12] Relembre-se que o contexto geral da época é o do estabelecimento da Economia Política de Adam Smith e de David Ricardo no Reino Unido, por José da Silva Lisboa e José Bonifácio de Andrada no Brasil. O Instituto de França mantém uma das suas Academias (a das Ciências Morais e Políticas): tanto em 1821 quanto em 2022, *à mulher de César não basta ser honesta, tem de o parecer.*

Daí que Rio Seco coloque a questão retórica:

---

12 AZEVEDO, Joaquim José de (Visconde de Rio Seco), Breve exposição do comportamento público do Visconde de Rio Seco, Lisboa, Imprensa Nacional, 1821[A],

> Haverá muitos administradores de dinheiros públicos, ou particulares, que prestem e fechem tão pronta e exactamente suas contas? [...]
>
> Havia dez anos que o Visconde do [sic] Rio Seco mais se podia dizer banqueiro da Coroa do que mero comprador, sempre pronto a prestar seus cabedais nas urgências [da administração] do particular da Casa Real, em que o Erário não podia suprir; mas sempre com o maior desinteresse.[13]

Num segundo folheto, datado do mesmo ano, Joaquim José de Azevedo redefine o contexto da sua intervenção na vida pública dos anteriores quinze anos:

Seria de razão que todo o homem empregado em repartições de Fazenda,

> a par do trabalho de suas tarefas, consagrasse algum tempo a compilar a história da sua administração. A sociedade se pagaria muito de conhecer o andamento dos negócios públicos deste género; e se instruiria, ao mesmo tempo, grande porção dos indivíduos, que se destinam àquelas importantíssimas repartições. Os erros de uns se emendariam nos outros; e desta luz geral resultaria, ao menos, um conhecimento teórico, que pouparia à multidão uma infinidade de juízos falsos. Pouco a pouco se regularia um método fixo de finanças.[14]

13 *Idem.*

14 *Idem.*

D. Pedro I do Brasil reconhece o valor do visconde, concedendo-lhe a condição de Grande (em 1822) e elevando-o a marquês de Jundiaí (em 1826).

Sucede o oposto a Targini, acusado de ser absolutista, estranhando-se que não regresse a Portugal depois de 27 de Maio de 1823 (com o fim do Vintismo). A verdade *é que o lisboeta, filho de italiano, caixeiro e guarda-livros de casa comercial (o que por vezes abre* portas para a entrada na diplomacia),[15] tradutor de Pope, publica no mesmo ano, em, Paris, *O paraíso perdido* de Milton em *verso português*. Morre, em 1827, na capital francesa.[16]

Quanto a João Severiano Maciel da Costa, recorre à paráfrase de Marco Túlio Cícero em *De Officiis* (literalmente, *Dos Deveres* ou *Das Obrigações*), obra de 44 a. C., para ilustrar os "sustos", "ânsias" e "agonias" sofridas em 1821. E lança ao éter e ao leitor o seguinte lamento:

> Que coisa mais lisonjeira para o homem bem-educado que a estima pública dos seus concidadãos? Que coisa mais capaz de encher a alma do homem de bem que a glória de ter servido e ilustrado sua Pátria? Depois do culto dado à Divindade, nada sobre a terra se não a Pátria merece nosso incenso: é uma idolatria necessária, não só útil (*De Officis* liv. I, cap. 17).[17]

---

15 Como sucede com os diplomatas portugueses, ao serviço de D. Miguel I, Carlos Matias Pereira e Jacob Frederico Torlade de Azambuja.

16 https://www.arqnet.pt/dicionario/saolourencobv.html (consultado a 23 de Agosto de 2022).

17 Apologia que dirige à Nação Portuguesa a fim de se justificar das imputações que lhe fazem homens obscuros, as quais deram causa ao decreto de 5 de junho e à providência comunicada no aviso de 11 de julho do corrente ano de 1821, Coimbra, Imprensa da Universidade. (COSTA 1821, p. 3.)

João Severiano Maciel da Costa, intendente-geral de Caiena (Guiana Francesa), de 1809 a 1817, [18] é acusado em 1821 de ser um dos "conselheiros pérfidos que no Rio de Janeiro abusaram da bondade de El-Rei para fazerem, como fizeram, as desgraças da Pátria". Em contraponto, garante que nunca "El-Rei me fez a honra de dar-me uma audiência particular e, menos ainda, dar-me entrada no interior do paço, que não conheço".[19] E, desocultando episódios da vida subterrânea dos anos de 1821 e 1822, afirma que não só deixou o Brasil 11 dias antes da partida da corte – sendo, pois, falsa a notícia de que acompanhou pessoalmente o rei – como revela ter pesado sobre si, sobre o seu colega desembargador do Paço Luís José de Carvalho e Melo[20] e o almirante Rodrigo Pinto Guedes, a acusação de quererem fundar no Novo Mundo uma democracia regicida, "sobre o sangue de Sua Majestade e de sua Augustíssima Família".[21] Dizem-no homem de partido, alinhado com outro desembargador do Paço, Tomás António de Vila Nova Portugal e com o conde de Palmela, em demanda anticonstitucional: "amigo e fautor do Despotismo".[22] Visconde e marquês de Queluz, João Severiano

18 Informa, por exemplo, os leitores, de que manteve tranquilos 1300 elementos da guarnição militar de Caena, anteriormente revoltados. Que se comporta com a maior dignidade perante os enviados dos duques do Luxemburgo e de Richelieu, os condes Darod e Carrá Saint-Cyr. E que faz transplantar para o Brasil espécies botânicas indígenas e estrangeiras da Guiana Francesa, fundando três jardins de especiarias, em Belém do Pará, Pernambuco e Rio de Janeiro (COSTA 1821, p. 10).

19 COSTA, 1821, p. 7.

20 Luís José de Carvalho e Melo (1764-1826), 1º visconde (com Grandeza) de Cachoeira, terceiro ministro imperial das Relações Exteriores do Brasil.

21 COSTA, 1821, p. 12-14.

22 COSTA, 1821, p. 23-24.

Maciel da Costa ascenderá, sob D. Pedro I, aos mais altos cargos do Estado brasileiro, provando que o seu bom nome ficou – pelo menos momentaneamente – limpo das acusações públicas do Verão de 1821.

Felisberto Caldeira Brant Pontes de Oliveira Horta (1772-1842), visconde e marquês de Barbacena, militar, diplomata e estadista, serve enquanto major no estado-maior de D. Miguel António de Melo[23] em Angola e é nomeado, em Lisboa, tenente-coronel do regimento da Bahia (1801). Entrando em conflito com o governador e capitão-general da província, o 5º conde da Ponte, Caldeira Brant regressa a Portugal, onde é promovido a coronel do regimento de Peniche. Sai para o Brasil com a corte em Novembro de 1807, reinstalando-se em São Salvador. Em 1817 financia o esforço repressivo contra a Revolução Pernambucana, o que contribui para impedir que esta alastre para a Bahia. Em fevereiro de 1821, porém, faz parte do movimento revolucionário de São Salvador da Bahia, que aos poucos deriva para o apoio da permanência de D. Pedro em território brasileiro. O futuro Barbacena, incompreendido quando viaja até ao Rio de Janeiro, exila-se em Londres, onde em Junho seguinte fica a saber do retorno da corte para Lisboa. Embora correspondendo-se com José Bonifácio de Andrada, de modo a obter apoio britânico para o reconhecimento português da independência do Brasil, Felisberto Caldeira Brant só regressa ao Novo Mundo em 1824. Desempenha funções senatoriais e ministeriais (neste caso, em 1825-1826 e 1829-1830), assim como de diplomata e de conselheiro de Estado. Consegue o afastamento, para a Europa, dos

---

23 1º conde de Murça (1766-1834).

conselheiros informais de D. Pedro, Francisco Gomes da Silva (*Chalaça*) e João da Rocha Pinto, considerados inadequados.

Quanto aos Lobatos, guarda-roupas da Casa Real (Matias António, José Joaquim e Francisco José Rufino de Sousa Lobato), trata-se de uma verdadeira dinastia de servidores domésticos da Casa Real, com antepassados identificados desde pelo menos os finais do século XVII, embora numa oração fúnebre de 1810 sejam invocados, sem provas documentais evidenciadas, os exemplos de Estevão Lobato, guarda-roupa de D. Pedro I (1357-1367), "cuja fidelidade será sempre eterna nos fastos da nação" e de Eanes Lobato, "bem conhecido no reinado do senhor D. Fernando [I, 1367-1383] e companheiro inseparável do grande conde de Barcelos".[24] O seu papel histórico foi entendido como de validos de D. João VI, conforme escreveram os biógrafos portugueses do monarca português, referindo os manos barões e viscondes de Vila Nova da Rainha e de Magé:

> Nunca teve, porém, [D. João VI] um primeiro-ministro, como o marquês de Pombal fora primeiro-ministro do seu avô, nem nunca teve um ministro que verdadeiramente fosse seu valido. Validos teve-os entre os empregados [criados, os da sua criação] que o assistiam pessoalmente ou os oficiais da sua câmara, como o secretário par-

24 SAMPAIO, Frei Francisco de, *Oração fúnebre do ilustríssimo senhor-José Joaquim de Sousa Lobato. Fidalgo cavaleiro da Casa Real, comendador da Ordem de Cristo, da Ordem da Torre e Espada e Guarda-roupa do Príncipe Regente Nosso Senhor, repetida no convento de Santo António do Rio de Janeiro por...*, Religioso Franciscano e Pregador Régio, Rio de Janeiro, Impressão Régia, 1810.
PEDREIRA, Jorge e DORES, Fernando Costa, D. João VI, Lisboa,Temas & Debates, 2009.

> ticular José Egídio [Álvares de Almeida], ou os irmãos Lobato, que, segundo se dizia, chegaram a ser mais influentes que muitos ministros. Nem por isso escapou D. João à impressão de que fazia apenas o que lhe diziam".[25]

O visconde de Vila Nova da Rainha é, dos três Lobatos, quem mais se distingue. A ele se alia, em 1808, D. Rodrigo de Sousa Coutinho (que passa à história como conde de Linhares), de modo a manter-se no poder – o que de facto garante, até a morte o levar, em 1812. Em 1821, quando regressa a Portugal, Francisco José Rufino de Sousa Lobato não lhe vê reconhecida a efectividade da patente de tenente-general de Cavalaria, a que o rei o fizera ascender no Rio de Janeiro. Nos anos finais de vida é Secretário do Estado e Casa do Infantado (1824-1828), tal como o cunhado, o 1º visconde de Santarém, ocupara essas funções de 1803 a 1818. Aliás, os dois cortesãos, representados no celebrado quadro de Domingos António de Sequeira, *Retrato da Família do 1º Visconde de Santarém* (de 1816), desempenham sucessivamente funções na Casa Real: Santarém porteiro da Real Câmara do regente D. João (1805-1807), Vila Nova da Rainha seu substituto interino (1806-1807) e titular efectivo (1807-1826). A este Lobato é atribuída a paternidade de Chalaça, o amigo e companheiro de juventude do imperador-rei D. Pedro, de seu nome civil Francisco Gomes da Silva (1791-1852).

Rodrigo Pinto Guedes (1762-1845) é igualmente acusado, em 1821, de conspirar com os desembargadores do Paço João Severiano Maciel da Costa e Luís José de Carvalho e Melo. Não

---

25 PEDREIRA, Jorge e DORES, Fernando Costa, *D. João VI*, Lisboa, Temas & Debates, 2009.

redige, porém, qualquer memória justificativa a esse propósito. Ilibado, em 1828, num processo criminal em sentenças do Conselho de Guerra e do Conselho Supremo de Justiça Militar do Brasil, o almirante não encontra no imperador, quando é autorizado a beijar-lhe a mão, mais do que "expressões mui poucas; mas muito significantes", pelo silêncio que fica a pairar (acrescento eu). Informa, na *Defesa* publicada em tipografia particular do Rio de Janeiro, em 1829, que D. Pedro lhe afirmou: "«Está livre (me Disse), tendo-lhe sido antes aprovado tudo, assim havia de ser»".[26] Esta resposta imperial, que hoje diríamos contida, merece ao almirante 134 páginas de prosa de contraditório, na qual narra acontecimentos com o domínio técnico de burocrata experiente, de militar inteligente e de conhecedor exímio do Direito da Guerra. Cita, inclusive, o nome do marquês de Barbacena (Felisberto Caldeira Brant Pontes de Oliveira Horta), comandante-em-chefe do Exército do Sul a 17 de fevereiro de 1827, com quem coordena esforços.[27] E socorre-se das ferramentas do homem de bem, quando se considera injustiçado: dos documentos, sobretudo da correspondência oficial trocada, entre militares e com o ministério (gabinete) do Rio de Janeiro. É que seriam fortíssimas as acusações, que a opinião pública (imprensa escrita e boatos) reproduziam com inusitada força. Nada menos do que perda de duas expedições (à Patagónia e da flotilha do Uruguai) e conduta criminosa para com embar-

26 GUEDES, Rodrigo Pinto, *Defesa do Almirante Pinto Guedes, Barão do Rio da Prata, perante o Conselho de Guerra, a que respondeu pelo comando da esquadra imperial do Rio da Prata, de que fora encarregado por nomeação de 6 de Abril de 1826, até 19 de Dez*embro de 1828, em que, por outra semelhante ordem, cessou a sua comissão, Tipografia de Torres, 1829.

27 GUEDES, 1829, p. 8.

cações "comerciantes das nações neutras, apresadas, arrestadas ou destruídas pelos navios da esquadra do seu comando", sob os pavilhões dos Estados Unidos da América, Suécia e França. Além de outros castigos verdadeiramente despóticos, como os supostamente aplicados à tripulação do navio dinamarquês Fortuna, "que foi obrigada a servir como cativos; [e à] tripulação da escuna inglesa Coquito, que foi maltratada, lançada em terra sem socorro e sujeita a uma rigorosa leva". A lista de *malfeitorias* praticadas pelo almirante, barão do Rio da Prata (1762-1845), ocupa-lhe duas páginas.[28] A este oficial-general da marinha de guerra imperial brasileira do século XIX, que invoca o Direito Marítimo e dos bloqueios, os princípios da Lei Natural e o estudo da história diplomática convencional da Europa, assim como os da Lei Pública e Geral (além dos consagrados teóricos Vattel e Martens), sucede algo de semelhante ao 2º visconde de Santarém (1791-1856), historiador da diplomacia e ministro dos Estrangeiros de D. Miguel. A saber: uma incompreensão generalizada, por parte de conterrâneos e estrangeiros, face a uma leitura erudita e legalista da situação de bloqueio naval – no caso português, da ilha Terceira, da foz do Tejo ou da foz do Douro; no caso brasileiro, da boca do rio da Prata. Tanto assim foi, no caso de Rodrigo Pinto Guedes, que João Severiano Maciel da Costa, com quem partilha a prisão em 1821, tem consigo a atitude dúplice de o tratar amigavelmente em epístolas privadas e de o acusar publicamente de erros estratégicos, diplomáticos e políticos, conforme produção opuscular polémica, de ambas as partes, nos anos de 1829 e de 1830.[29]

---

28 GUEDES, 1829, p. 4-5.

29 *Echec et mat à impostura do Ilustríssimo e Excelentíssimo Senhor João Severiano Maciel da Costa, Marquês de Queluz, Grã-Cruz da Imperial*

Luís do Rego Barreto (1777-1840), 1º visconde de Geraz do Lima, militar português, veterano das Guerras Peninsulares cria, no Brasil, a Divisão dos Voluntários Leais de El-Rei e ocupa as funções de governador e capitão-general de Pernambuco, entre 1 de julho de 1817 e 15 de outubro de 1821. Antes derrota a Revolução Pernambucana, de março de 1817. A 21 de julho de 1821 é cometido um atentado contra a vida deste oficial, quando entra no palácio do governo. A 29 de Agosto tem início o movimento constitucionalista de Pernambuco, o qual sai vitorioso a 5 de outubro, com a convenção de Beberibe, pela qual as tropas do governo lisboeta reconhecem o fracasso militar. Luís do Rego Barreto volta então a Portugal. Note-se que a 18 de fevereiro de 1822 é desembarcado, em Pernambuco, o brigadeiro José Correia de Melo, nomeado governador das armas pelas cortes gerais do Reino Unido de Portugal, Brasil e Algarves.[30] Nas instruções fornecidas ao chefe-de-divisão João Félix Pereira de Campos, datadas do palácio de Queluz de 31 de agosto de 1822 e assinadas pelo ministro da Marinha (almirante Inácio da Costa Quintela), é indicado, no artigo 13º, que se não lhe for possível desembarcar a tropa na Bahia, deve tentar fazê-lo no

Ordem do Cruzeiro, Conselheiro de Estado, Senador do Império, Ex-Presidente da Província da Bahia, Ex-Desembargador do Paço, Ex-Ministro [e] Secretário de Estado de diversas Repartições [...], etc., pelo Almirante Rodrigo Pinto Guedes, Barão do Rio da Prata, Rio de Janeiro, na Tipografia do Diário, 1830

30 ESPARTEIRO, Comandante António Marques, *Actas do Conselho de Comandantes da Esquadra da Baía (1822-1823)*, Separata do Boletim da Sociedade de Geografia de Lisboa (Outubro-Dezembro de 1961), p. 361-397.

Maranhão.[31] O mesmo chefe-de-divisão ainda procura, de novembro de 1822 a julho de 1823, realizar um bloqueio naval a São Salvador da Bahia, mas sem sucesso, como é sabido.[32]

Quanto ao 2º barão e 2º visconde de Rio Seco (em vida do pai, em 1815 e 1821), João Carlos de Azevedo (1790-1843), é alcaide-mor de Évora e comendador da Ordem de Cristo.[33] Não se destaca especialmente, no panorama público do seu tempo.

De Francisco Gomes da Silva, dito o Chalaça (1791-1852), ainda ninguém conseguiu – tanto quanto se sabe – obter evidência documental da filiação em Francisco José Rufino de Sousa Lobato, 1º barão e 1º visconde de Vila Nova da Rainha. A mãe seria Maria da Conceição Alves, de 19 anos, criada daquele. Em *Memórias oferecidas à Nação Brasileira pelo conselheiro...*, de 1831, é possível organizar alguma informação sobre os cargos palacianos e comissões diplomáticas propostas. Não é difícil ver em Vila Nova da Rainha e em *Chalaça* (tal como em Manuel de Godoy, Príncipe espanhol da Paz) magníficas figuras de *parvenus* que, pelo carisma e forte personalidade, impõem-se nas cortes de Portugal e Brasil. Daí a torná-los pai e filho, vai uma distância que a prudência e o senso comum apenas deverão transpor, à vista de um inquérito historiográfico metodologicamente validado.

---

31 *Idem*, p. 47.

32 ______, Três datas que importam à independência do Brasil (1808-1815-1822), Lisboa, Edição do Centro de Estudos de Marinha,1972.

33 ZÚQUETE, Afonso Eduardo Martins (dir.), Nobreza de Portugal e do Brasil, Lisboa/Rio de Janeiro, Editorial Enciclopédia, vol. III, 1960.

Quadro 5 Cronologia de Francisco Gomes da Silva (*Chalaça*), relativa a 1823-1830

Âmbito cronológico	Informações disponibilizadas pelo próprio	***Memórias oferecidas à nação brasileira pelo conselheiro...*, 1831**
1 de dezembro de 1823 (decreto)	Oficial de Secretaria, serviço na guarda	p. 61
4 de abril de 1825	Oficial maior graduado (com exercício) do gabinete imperial	p. 58 e 63
25 de janeiro de 1826	Comendador da Ordem de Cristo	p. 79, 84 e 159 (n.º 1)
8 de abril de 1826	Título do Conselho	p. 79, 84 e 160 (n.º 2)
19 de abril de 1826	Cavaleiro da Ordem do Cruzeiro	p. 79, 84 e 161 (n.º 3)
1 de maio de 1826	Comendador honorário da Torre e Espada	p. 162
Finais de 1826 - janeiro de 1827	Parte com o imperador para o Rio Grande; retorna ao Rio de Janeiro na segunda data	p. 95-96
1 de janeiro de 1829	Comendador da Ordem de S. Leopoldo	p. 134, 136 (n.º 5) e 163
7 de julho de 1829	Dignitário honorário da Ordem do Cruzeiro e oficial-mor da Casa Imperial	p. 137-138 e 164 (n.º 6)
25 de abril de 1830	Pouco antes recusa nomeação como Encarregado de Negócios imperial em Nápoles	p. 131-133

Fonte: dados da pesquisa.

João da Rocha Pinto (Porto, 1791-Lisboa, 1837), superintendente das Imperiais Fazendas e Quintas, veador das imperatrizes D. Leopoldina e D. Amélia e diplomata, vive na juventude em Londres, ocupando-se dos negócios familiares de exportação de vinho do Porto. Mais tarde reside no Rio de Janeiro, onde se envolve com o grupo de Joaquim Gonçalves Ledo, chegando a ser preso na ilha das Cobras. Valido e conselheiro de D. Pedro, não parte para Viena de Áustria, em missão diplomática destinada a persuadir o infante D. Miguel a regressar ao Brasil.[34] Luís António de Abreu e Lima (visconde e conde da Carreira) escreve que João da Rocha Pinto era "o único indivíduo de que cercam aquele senhor (D. Pedro), que tem sentimentos de decência e força de carácter para lhe representar o que convém" (carta de Londres de 29 de agosto de 1831).[35] A perda da fortuna de João da Rocha Pinto, avaliada em trezentos contos de réis, a favor da causa liberal (especificamente, custeando as despesas da imperatriz e de D. Maria da Glória/D. Maria II), leva-o ao suicídio em Lisboa, na sua casa do Pátio do Pimenta, em 1837.[36]

Francisco José Vieira (de quem se ignoram as datas de nascimento e óbito) apresenta, por fim, a originalidade de desempenhar funções de ministro dos Estrangeiros de D. João VI no Brasil (em 1821-1822) e de D. Miguel I em Portugal (em meados de Maio de 1834). É magistrado, com acção conhecida entre 1804 e 1826. Consecutivamente desembargador a 16 de outubro de 1821, desembargador ordinário da Casa da Suplicação a 27 de Julho de 1822 e conselheiro da Casa da Suplicação na mesma data. Desembargador agravista da Casa da Suplicação a 26 de

---

34 Já a 22 de dezembro de 1830 o Secretário de Estado Luís da Silva Mouzinho de Albuquerque pede mais informações a Luís António de Abreu e Lima sobre as actividades diplomáticas de João da Rocha Pinto, Francisco Gomes da Silva (*Chalaça*) e do marquês de Santo Amaro (Carreira 1874, p. 260-261).

35 CARREIRA, *Conde da, Correspondência oficial de Luís António de Abreu e Lima, actualmente..., com o duque de Palmela*, Lisboa,Imprensa Nacional, 1874.

36 OWEN, Coronel, *O Cerco do Porto contado por uma testemunha (prefácio e notas de Raul Brandão)*, S.L., Edição da Renascença Portuguesa, 1915.

março de 1825 e novamente a 24 de Abril de 1826, depois de aposentado a 5 de Setembro anterior.[37] O primeiro período (de 1821-1822), conhecido sob o nome de Vintismo, coincide com o constitucionalismo luso-brasileiro e com a experiência ministerial de Francisco José Vieira. O segundo hiato (de 1825-1826), posterior à Abrilada, é coevo da morte de D. João VI, a 10 de Março de 1826, depois do que a regente D. Isabel Maria o reintroduz enquanto desembargador agravista da Casa da Suplicação. Mesmo assim, a inactividade de Francisco José Vieira é clara nos anos da regência e reinado de D. Miguel (1828-1834): não é promovido a desembargador do Paço, o topo da carreira judicial. Aliás, só se torna ministro dos Estrangeiros daquele monarca nos finais do reinado, em maio de 1834. Concretamente, com acção no último conselho militar conhecido, o que decide a rendição perante as tropas do duque de Bragança (ex-imperador do Brasil), rendição essa convencionada em Évora-Monte, a 26 de maio de 1834. O que não impede Francisco José Vieira de, a 16 de março de 1840, fazer parte de uma reunião política lisboeta com cerca de trezentos miguelistas.[38]

Considerações finais

Na continuidade de estudos anteriores sobre as experiências do 2º visconde de Santarém (1791-1856), sobrinho do visconde de Vila Nova da Rainha; e erguendo a ponta do véu para uma obra específica a editar ainda no corrente ano ([39]), o presen-

37 SUBTIL, José, Dicionário dos desembargadores (1640-1834), Lisboa, EDIUAL, 2010.

38 *Idem*, p. 286.

39 PROTÁSIO, Daniel Estudante, 2º Visconde de Santarém (1791-1856): uma biografia intelectual e política, Lisboa, Chiado Books, 2018.

te capítulo pretende constituir uma súmula panorâmica do percurso público e memórias pessoais de algumas figuras do Reino Unido de Portugal, Brasil e Algarves, as quais se cruzam entre si, sobretudo aquando da proibição de desembarque em Lisboa, decretada a 3 de julho de 1821. Dessas 14 figuras, elencou-se a informação disponível, facilmente consultável e verificável, segundo critérios científicos e evidências documentais. Extraíramse as conclusões possíveis e apontaram-se hipóteses de trabalho, a recuperar e a desenvolver em futuros ensaios prosopográficos e inquéritos historiográficos/arquivísticos. Entendendo-se que desde os tempos mais remotos, a memória humana rastreia as elites militares, religiosas, diplomáticas, culturais, como constituídas, amiúde, por indivíduos aparentados quer pelo sangue, quer pela similitude das ideias e das crenças políticas, estratégicas e ideológicas, em tempo de guerra e de paz.

Fontes primárias

Manuscritas

José Egídio Álvares de Almeida, *Correspondência mantida com o conde de Linhares*, Biblioteca Nacional de Portugal, Secção de Reservados, Códices 8751-8753.

Impressas

AZEVEDO, Joaquim José de (Visconde de Rio Seco), *Breve exposição do comportamento público do Visconde de Rio Seco*, Lisboa, Imprensa Nacional, 1821[A], 20 pp.

______, 1º Visconde de Santarém (1757-1818): um estudo biográfico, Chiado Books, 2020.

______, Coração tranquilo aos pés de seu príncipe: estratégias de poder de validos, privados e cortesãos luso-brasileiros (1807-1822),Lisboa, Chiado Books, 2023 [no prelo].

______, *Exposição analítica e justificativa da conduta e vida pública do Visconde de Rio Seco desde o dia 25 de Novembro de 1807 em que sua majestade fidelíssima o incumbiu dos arranjamentos necessários da sua retirada para o Rio de Janeiro, até o dia 15 de Setembro de 1821, em cujo ano demitirá todos os lugares e empregos de responsabilidade de Fazenda, com permissão de Sua Alteza Real, o Príncipe Regente do Brasil, concedida por Decreto de 27 de Agosto do presente ano, publicada por ele mesmo*, Rio de Janeiro, Imprensa Nacional, 1821[B], III-VIII + 39 pp. + 28 pp. com 46 docs.

______, *Apêndice ou exposição resumida dos passos, que o Visconde de Rio Seco tem dado para defender-se de qualquer calúnia. Que pudesse ter sido origem das sábias Cortes Gerais e Extraordinárias da Nação Portuguesa, que mandou não desembarcassem de bordo da Esquadra, que conduziu Sua Majestade, certas pessoas, em cujo número é ele compreendido*, Rio de Janeiro, Imprensa Nacional, 1821[C], 9 pp.

BARREIROS, José Baptista, *Correspondência inédita entre o conde da Barca e José Egídio Álvares de Almeida, secretário particular de El-Rei D. João VI. Com um estudo prévio*, Lisboa, Edição da Delegação Bracarense da Sociedade Histórica da Independência de Portugal, 1962 (separata da *Revista Militar* de Novembro de 1961 e Março de 1962).

CARREIRA, Conde da, *Correspondência oficial de Luís António de Abreu e Lima, actualmente..., com o duque de* Palmela, Lisboa, Imprensa Nacional, 1874.

COSTA, João Severiano Maciel da, *Apologia que dirige... à Nação Portuguesa a fim de se justificar das imputações que lhe fazem homens obscuros, as quais deram causa ao decreto de 5 de Junho e à providencia comunicada no aviso de 11 de Julho do corrente ano de 1821*, Coimbra, Imprensa da Universidade, 1821, 32 pp.

GUEDES, Rodrigo Pinto, *Defesa do Almirante Pinto Guedes, Barão do Rio da Prata, perante o Conselho de Guerra, a que respondeu pelo comando da esquadra imperial do Rio da Prata, de que fora encarregado por nomeação de 6 de Abril de 1826, até 19 de Dezembro de 1828, em que, por outra semelhante ordem, cessou a sua comissão*, Tipografia de Torres, 1829, 128 pp. + 1 de errata.

______. *Echec et mat à impostura do Ilustríssimo e Excelentíssimo Senhor João Severiano Maciel da Costa, Marquês de Queluz, Grã-Cruz da Imperial Ordem do Cruzeiro, Conselheiro de Estado, Senador do Império, Ex-Presidente da Província da Bahia, Ex-Desembargador do Paço, Ex-Ministro [e] Secretário de Estado de diversas Repartições [...], etc.*, *pelo Almirante Rodrigo Pinto Guedes, Barão do Rio da Prata*, Rio de Janeiro, na Tipografia do Diário, 1830, 121 pp.

MARROCOS, Luís Joaquim dos Santos, *Cartas do Rio de Janeiro*, Lisboa, Biblioteca Nacional de Portugal, 2008.

OWEN, Coronel, *O Cerco do Porto contado por uma testemunha (prefácio e notas de Raul Brandão)*, S.L., Edição da Renascença Portuguesa, 1915.

SAMPAIO, Frei Francisco de, *Oração fúnebre do ilustríssimo senhor José Joaquim de Sousa Lobato. Fidalgo cavaleiro da Casa Real, comendador da Ordem de Cristo, da Ordem da Torre e Espada e Guarda-roupa do Príncipe Regente Nosso Senhor, repetida no convento de Santo António do Rio de Janeiro por..., Religioso Franciscano e Pregador Régio*, Rio de Janeiro, Impressão Régia, 1810.

SILVA, Francisco Gomes da [Chalaça], *Memórias oferecidas à nação brasileira pelo conselheiro...*, Londres, L. Thompson, 1831.

ZÚQUETE, Afonso Eduardo Martins (dir.), *Nobreza de Portugal e do Brasil*, Lisboa/Rio de Janeiro, Editorial Enciclopédia, vol. III, 1960.

Referências bibliográficas

COSTA, Margarida Lobato, *Os Sousa Lobato. Uma família de Cortesãos na viragem para o século XIX*, Lisboa, By the Book, 2021.

ESPARTEIRO, Comandante António Marques, *Actas do Conselho de Comandantes da Esquadra da Baía (1822-1823)*, Separata do Boletim da Sociedade de Geografia de Lisboa (Outubro-Dezembro de 1961), p. 361-397.

______, *Três datas que importam à independência do Brasil (1808-1815-1822)*, Lisboa, Edição do Centro de Estudos de Marinha, 1972.

MÓNICA, Maria Teresa, *Errâncias Miguelistas*, Lisboa, Edições Cosmos, 1997.

PEDREIRA, Jorge e DORES, Fernando Costa, *D. João VI*, Lisboa, Temas & Debates, 2009.

PROTÁSIO, Daniel Estudante, *2º Visconde de Santarém (1791-1856): uma biografia intelectual e política*, Lisboa, Chiado Books, 2018.

______, *1º Visconde de Santarém (1757-1818): um estudo biográfico*, Chiado Books, 2020.

______, *Coração tranquilo aos pés de seu príncipe: estratégias de poder de validos, privados e cortesãos luso-brasileiros (1807-1822)*, Lisboa, Chiado Books, 2023 [no prelo].

SUBTIL, José, *Dicionário dos desembargadores (1640-1834)*, Lisboa, EDIUAL, 2010.

VARGUES, Isabel Nobre, "O processo de formação do primeiro movimento liberal: a revolução de 1820. O regresso do rei", in José Mattoso (dir.), *História de Portugal*, vol. V, Lisboa, Círculo de Leitores, 1993, p. 62-63.

Webgrafia (consultada a 23 de Agosto de 2022)

https://www.arqnet.pt/dicionario/saolourencobv.html